REZEPTHINWEISE

Es wird stets ungesalzene Butter verwendet.

Pfeffer ist immer frisch gemahlener schwarzer Pfeffer, sofern nicht anders angegeben.

Sofern nicht anders angegeben, werden stets frische Kräuter und glatte Petersilie verwendet.

Gemüse und Früchte werden, sofern nicht anders angegeben, als mittelgroß angenommen.

Es werden stets Eier der Gewichtsklasse M verwendet, sofern nicht anders angegeben.

Es wird stets Vollmilch verwendet, sofern nicht anders angegeben.

Knoblauchzehen werden als groß angenommen; verwende zwei Zehen, wenn deine klein sind.

Schinken ist gekochter Schinken, sofern nicht anders angegeben.

Prosciutto bezieht sich ausschließlich auf rohen, trocken-gepökelten Schinken, normalerweise aus Parma oder San Daniele in Norditalien.

Gar- und Zubereitungszeiten sind lediglich als Richtlinie gedacht, da die Zeiten je nach Backofen variieren. Bei einem Heißluftofen die Backofentemperatur gemäß den Herstellerhinweisen wählen.

Bei manchen Rezepten kommen rohe oder nur leicht gekochte Eier zum Einsatz. Ältere Menschen, Kleinkinder, Schwangere, Kranke und Menschen mit eingeschränkter Immunabwehr sollten diese Gerichte meiden.

Sofern nicht anders angegeben, werden stets gestrichene Ess-/Teelöffel verwendet.
1 Teelöffel = 5 ml
1 Esslöffel = 15 ml

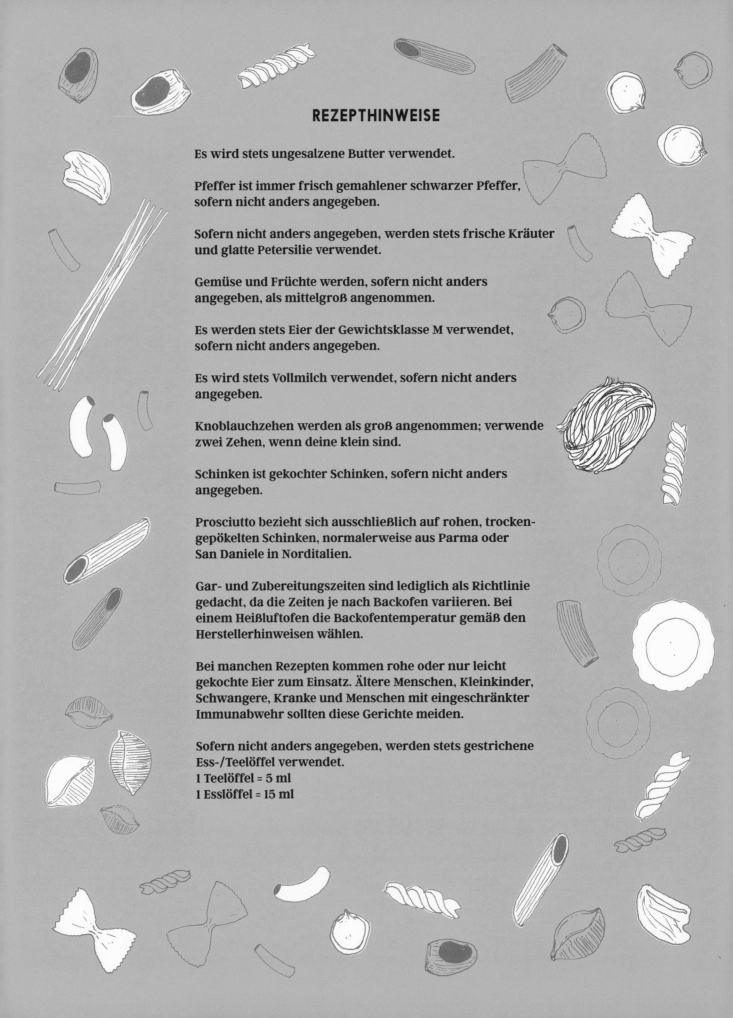

DER SILBERLÖFFEL FÜR KINDER

LIEBLINGSREZEPTE AUS ITALIEN

INHALT

VORSPEISEN UND SNACKS

PIZZA UND NUDELN

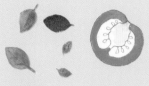

HAUPTGERICHTE

KUCHEN UND DESSERTS

KOCHEN WIE DIE ITALIENER

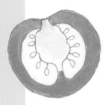

Die meisten Leute lieben italienisches Essen. Wenn du italienisch kochen kannst, sammelst du also überall Pluspunkte! Wir haben vierzig Rezepte aus dem meistverkauften Kochbuch in Italien ausgewählt. Es heißt *Der Silberlöffel*. Damit du die traditionellen italienischen Rezepte leicht nachkochen kannst, haben wir sie etwas abgewandelt. In Italien werden sie von Generation zu Generation weitergegeben – mit diesem Buch stehst du also sozusagen in einer italienischen Küche und lernst italienisch kochen.

Im Lauf der Jahrhunderte haben die Italiener entdeckt, wie man aus wenigen einfachen, erstklassigen Zutaten köstliche Gerichte kocht. Für eine leckere Nudelsauce brauchst du zum Beispiel nur ein paar Grundzutaten: Tomaten aus der Dose, frisches Basilikum, Knoblauch und ein gutes Olivenöl. Beim Kochen nach diesem Buch lernst du auch ein paar wichtige Techniken, die in jeder Küche gebraucht werden, nicht nur in der italienischen: wie man mit einem kleinen, scharfen Messer umgeht (ganz wichtig, wenn du richtig kochen willst!), wie man Gemüse putzt, wie man Nudeln kocht und sogar, wie man Pizzateig herstellt.

Beim Kochen geht es nicht nur darum, ein leckeres Essen auf den Tisch zu bringen, sondern du übst auch gleichzeitig Mathematik (Messen, Teilen), Lesen (die Rezepte und viele interessante Zusatzinformationen), Erdkunde (du erfährst spannende Dinge über Italien) und vielleicht sogar Kunst (zeichne doch mal die Gerichte nach, die du gekocht hast, so wie Harriet die einzelnen Rezeptschritte gezeichnet hat).

Alle Rezepte im *Silberlöffel für Kinder* wurden von Kindern ausprobiert – wenn du neun Jahre oder älter bist, müsstest du die meisten Rezepte allein nachkochen können, mit gelegentlicher Hilfe eines Erwachsenen. Denke aber immer daran, einem Erwachsenen Bescheid zu sagen, bevor du anfängst, und achte darauf, dass immer jemand bei dir ist, wenn du ein scharfes Messer, den Ofen oder die Küchenmaschine benutzt. Wenn du jünger bist als neun, brauchst du Hilfe von einem Erwachsenen oder von einem großen Bruder oder einer großen Schwester.

Du wirst bald sehen, wie viel Spaß es macht, italienisch zu kochen. Die fertigen Gerichte kannst du dann zusammen mit deiner Familie und deinen Freunden genießen – genau wie die Italiener!

KOCHEN – ABER SICHER!

1

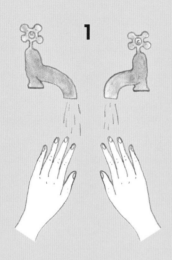

2

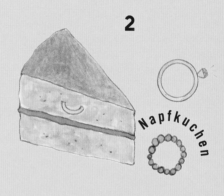

Napfkuchen

3

Finde das Haar
in den Spaghetti

4

5

6

Kochen ist ein bisschen wie lesen: Sobald du die Grundlagen gelernt hast, kommt der Rest wie von allein. Du lernst in diesem Buch einige sehr nützliche Techniken, aber bevor du loslegst, gibt es noch ein paar wichtige Dinge zu beachten. Das meiste weißt du sicher schon:

1 Wasch dir vor dem Kochen die Hände und trockne sie mit einem Handtuch oder einem Stück Küchenpapier ab und nicht an der Hose. Wenn du rohes Fleisch oder Fisch angefasst hast, musst du dir ebenfalls sorgfältig die Hände waschen.

2 Nimm vorher alle Ringe ab. Du willst ja nicht in ein Stück Kuchen beißen und auf einem Ring herumkauen!

3 Wenn du lange Haare hast, solltest du dir lieber einen Zopf machen. Niemand findet gern Haare im Essen.

4 Zieh eine Schürze an, um die Zutaten vor Schmutz zu schützen, den du vielleicht auf deinen Kleidern hast (und natürlich auch, um deine Kleidung sauber zu halten!).

5 Zieh immer Ofenhandschuhe an, wenn du etwas in den Ofen schiebst oder aus dem Ofen nimmst. Ofenhandschuhe brauchst du auch, wenn du etwas unter den Ofengrill stellst oder Zutaten nach der Hälfte der Garzeit umdrehst.

6 Bitte immer einen Erwachsenen um Hilfe, wenn du den Ofen oder eine Küchenmaschine benutzt oder wenn du Nudeln durch ein Sieb abgießt.

7 Und das Wichtigste: Frage immer einen Erwachsenen, bevor du mit dem Kochen beginnst!

AUSRÜSTUNG UND GERÄTE

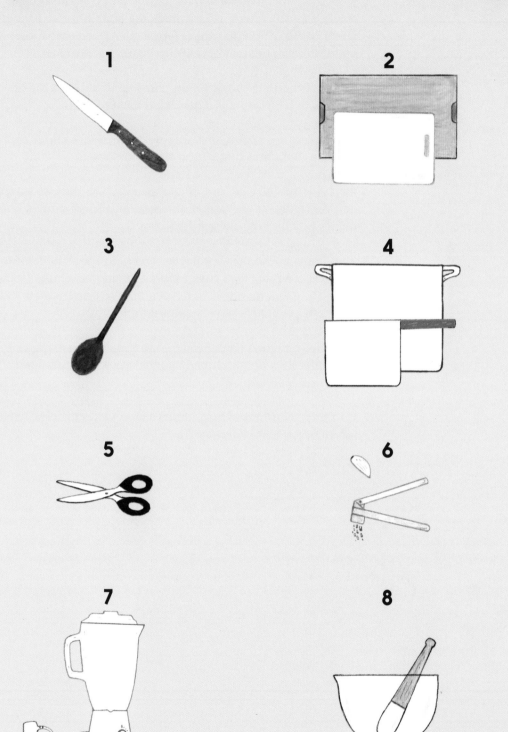

1

2

3

4

5

6

7

8

Für die Rezepte brauchst du keine große Ausrüstung,
aber die folgenden Geräte solltest du haben:

1 KLEINES, SCHARFES MESSER

Eine der ersten Techniken, die jeder
angehende Koch lernen muss, ist der
richtige Umgang mit dem Messer.
Am Anfang benutzt du am besten ein
Schälmesser, das ist ein kleines, scharfes
Messer, mit dem man gut Obst und
Gemüse putzen und zerkleinern kann.

Wusstest du, dass ein stumpfes Messer
gefährlicher ist als ein scharfes? Bei
einem stumpfen Messer musst du zum
Schneiden viel Druck ausüben, ein gutes,
scharfes Messer hingegen gleitet mühelos
durch die Zutaten und rutscht nicht so
schnell ab. Die beiden wichtigsten Techniken beim Schneiden sind die Brückentechnik und die Klauentechnik (siehe
Seite 12–13). Wenn du sie beherrschst,
kannst du die meisten Zutaten gefahrlos
klein schneiden. Frage aber trotzdem
immer einen Erwachsenen, bevor du ein
scharfes Messer benutzt.

2 SCHNEIDBRETTER

Sie können aus Kunststoff oder aus
Holz sein. Zum Saubermachen
schrubbst du sie mit heißem Wasser
und Geschirrspülmittel ab. Wasche
sie besonders sorgfältig ab, wenn sie
mit rohem Fleisch, Fisch oder Eiern in
Berührung gekommen sind.

3 KOCHLÖFFEL

Wenn du noch keinen hast, solltest du
etwas Taschengeld sparen und dir einen
kaufen – jeder Koch braucht einen
Kochlöffel zum Umrühren!

4 TÖPFE

Du brauchst nur zwei Töpfe, einen großen
für Nudeln und einen kleinen für Saucen.
Wenn du auch noch einen mittelgroßen
hast, umso besser!

5 KÜCHENSCHERE

Wenn du Zutaten mit der Küchenschere
klein schneidest, zum Beispiel frische
Kräuter, solltest du immer darauf
achten, deine Finger von den Schneiden
fernzuhalten, damit du dich nicht aus
Versehen schneidest.

6 KNOBLAUCHPRESSE

Knoblauchzehen sind klein und schwer
zu hacken. Mit einer Knoblauchpresse
tut man sich leichter: Geschälte
Knoblauchzehe in den Behälter geben,
die Presse mit beiden Händen schließen
und kräftig drücken, um den Knoblauch
durch die Löcher zu pressen. Den
Knoblauch dann mit einem Messer von
der Presse schaben.

7 MIXER ODER KÜCHENMASCHINE

Für einige Rezepte brauchst du einen
Standmixer oder eine Küchenmaschine.
Bitte immer einen Erwachsenen, dir mit
dem Mixer zu helfen, weil er innen am
Boden eine scharfe Klinge hat. Achte
immer darauf, der Klinge nicht zu nahe
zu kommen.

8 MÖRSER

Einen Mörser zu benutzen macht Spaß:
Du zerstampfst die Zutaten mit dem
Stößel (dem schweren Stab) im Mörser
(der Schüssel). Wenn du keinen hast,
kannst du die Zutaten auch mit dem
Ende einer Teigrolle aus Holz in einer
kleinen Schüssel aus Plastik oder Holz
zerdrücken.

TECHNIKEN

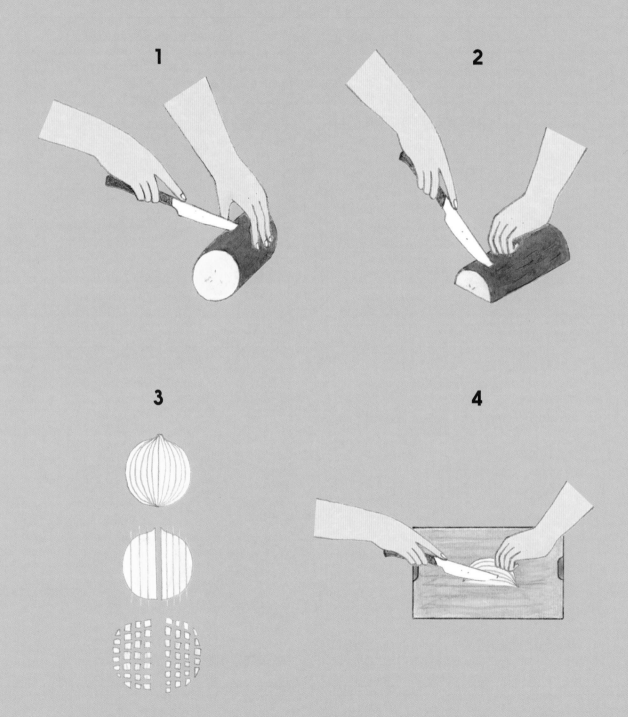

1 BRÜCKENTECHNIK

Die Zutat, die du schneiden willst, festhalten, indem du mit dem Daumen auf einer Seite und dem Zeigefinger auf der anderen Seite eine Brücke bildest. Das Messer mit der Klinge nach unten in der anderen Hand halten, unter die Brücke schieben und durch die Zutat schneiden. Bei manchen weichen Zutaten wie Tomaten ist es oft einfacher, vor dem Schneiden die Schale erst mit der Messerspitze einzustechen.

2 KLAUENTECHNIK

Die Zutat mit der flachen Seite nach unten auf das Schneidbrett legen (meist musst du sie dazu zuerst mit der Brückentechnik halbieren). Die Finger deiner linken Hand zu einer Klaue krümmen, indem du den Daumen hinter die Finger beugst und die Fingerspitzen von der Klinge weg unterschlägst. Wenn du Linkshänder bist, musst du mit der rechten Hand eine Klaue machen! Die Klaue auf die Zutat legen, die du schneiden willst. Das Messer in die andere Hand nehmen und die Zutat in Scheiben schneiden. Die Klauenfinger dabei immer ein Stückchen nach hinten bewegen, wenn das Messer näher kommt.

3 ZWIEBELN SCHNEIDEN

Die Zwiebel auf ein Schneidbrett legen. Mit der Klauentechnik gut festhalten und das spitze Ende abschneiden. Die Zwiebel mit der flachen Seite (die du gerade abgeschnitten hast) auf das Brett legen, mit der Brückentechnik festhalten und halbieren. Die trockene, papierartige Schale abziehen. Um die Zwiebel in kleine Stücke (Würfel) zu schneiden, mit Fingern und Daumen eine Brücke bilden und von knapp über der Wurzel bis zum oberen Ende viele Male senkrecht einschneiden. Anschließend zur Klauentechnik überwechseln und die Zwiebel quer dazu in kleine Würfel schneiden.

4 ZWIEBEL IN DÜNNE SCHEIBEN SCHNEIDEN

Eine Zwiebelhälfte mit der flachen Seite nach unten auf das Schneidbrett legen. Die Zwiebel mit der Klauentechnik festhalten und quer in Scheiben schneiden.

NOCH MEHR TECHNIKEN

5

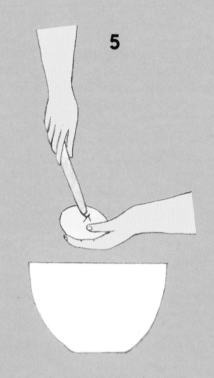

6

7

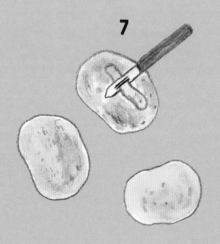

8

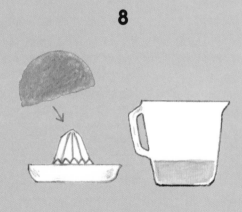

5 EIER AUFSCHLAGEN

Das Ei so in eine Hand nehmen, dass du es beinahe umfasst. Über eine kleine Schüssel halten und mit einem Tafelmesser in der Mitte auf die Schale schlagen, damit sie bricht. Das Messer ablegen und deine Daumen in den Spalt stecken, den du gerade in die Schale geschlagen hast. Die Schale vorsichtig auseinanderziehen und Eiweiß und Eigelb in die Schüssel gleiten lassen.

6 KÜCHENREIBE BENUTZEN

Die Reibe auf ein Schneidbrett stellen und am Griff festhalten. Die Zutat an ihrem breitesten Ende fassen und aufwärts und abwärts über die Reibe führen. Pass dabei aber stets gut auf, dass deine Finger und Knöchel nicht an den Zähnchen der Reibe hängen bleiben.

Ist dir schon mal aufgefallen, dass eine Reibe verschieden große Löcher hat? Manchmal soll eine Zutat mit den großen Löchern grob gerieben werden, zum Beispiel Möhren für einen Salat. Andere Zutaten, zum Beispiel Parmesan, lassen sich am besten mit den kleinen Löchern reiben und dann prima über Nudeln streuen.

7 SCHÄLEN MIT DEM SPARSCHÄLER

Es gibt unterschiedliche Arten von Sparschälern. Vielleicht musst du erst einige ausprobieren, um herauszufinden, mit welchem du am besten umgehen kannst. Ein Ende der Zutat festhalten und das andere auf ein Schneidbrett legen. Den Schäler auf halber Höhe ansetzen und von dir weg an der Zutat hinunterziehen. Vorsicht, der Schäler ist scharf! Du musst das Gemüse beim Schälen Stück für Stück weiterdrehen, damit du überall an die Schale herankommst. Anschließend die Zutat umdrehen und das andere Ende festhalten, während du die zweite Hälfte schälst.

8 ZITRONEN- UND ORANGENSAFT AUSPRESSEN

Die Zitrone oder Orange mit der Brückentechnik (siehe linke Seite) in zwei Hälften schneiden. Wenn du stark genug bist, kannst du jetzt eine Hälfte der Frucht über einer kleinen Schüssel oder einem Krug in der Hand zusammendrücken und auf diese Weise den Saft auspressen. Wenn du eine Zitruspresse hast wie auf dem Bild, geht es einfacher. Drücke die Orangen- oder Zitronenhälfte auf den Kegel und drehe die Frucht gleichzeitig, um den Saft herauszupressen.

leichte
Mahlzeit

Büffel
Mozzarella

BÜFFEL-
MOZZARELLA

VORSPEISEN UND SNACKS

PROSCIUTTO MIT MELONE

Prosciutto (ausgesprochen „pro-schu-to") ist eine Schinkensorte. Bei dieser Vorspeise passt das salzige Aroma des Schinkens gut zur süßen Melone.

Nimm kleine, reife Melonen, die sich leicht schneiden lassen. Am besten eignen sich Cantaloupe- und Honigmelonen, andere Sorten gehen aber auch. Cantaloupe-Melonen sind rund mit hellgrüner, höckeriger Schale und orangefarbenem Fruchtfleisch. Honigmelonen sind größer und ovaler. Sie haben eine gelblich grüne Schale und hellgrünes Fruchtfleisch.

REICHT FÜR	ZUBEREITUNGSZEIT	KOCHZEIT
4 Personen als Vorspeise	5 Minuten	—

2 kleine, reife Melonen*
—
8–12 Scheiben Prosciutto
(2–3 Scheiben pro Person)

*Schnuppere an der Frucht – wenn sie nach
Melone riecht, ist sie reif!

PROSCIUTTO MIT MELONE

SCHRITT 1	Die Melonen mit der Brückentechnik (siehe Seite 12–13) halbieren. Du musst die Frucht fast schon durchsägen, also sei vorsichtig und halte die Finger immer in der Brückenstellung, damit du dich nicht schneidest. Vielleicht muss dir ein Erwachsener beim Schneiden helfen.
SCHRITT 2	Mit einem Teelöffel die Samen der Melone herauskratzen und wegwerfen.
SCHRITT 3	Mit der Brückentechnik die Melone vierteln, indem du jede Hälfte noch einmal halbierst.
SCHRITT 4	Du kannst die Melone mit Schale servieren und mit Messer und Gabel essen. Ganz leicht zu essen ist sie, wenn du das Fleisch mit der Brückentechnik gitterförmig einschneidest, aber nur bis zur Schale.
SCHRITT 5	Du brauchst 4 Teller. Auf jeden Teller legst du 2 Melonenstücke und 2–3 Scheiben Prosciutto.
SCHRITT 6	Wenn du willst, kannst du den Prosciutto auch über die Melonenstücke legen – das Essen sollte immer gut aussehen, damit deine Freunde oder deine Familie Appetit darauf bekommen. Mit Messer und Gabel oder einem Löffel servieren.

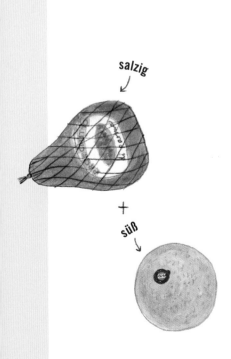

salzig

\+

süß

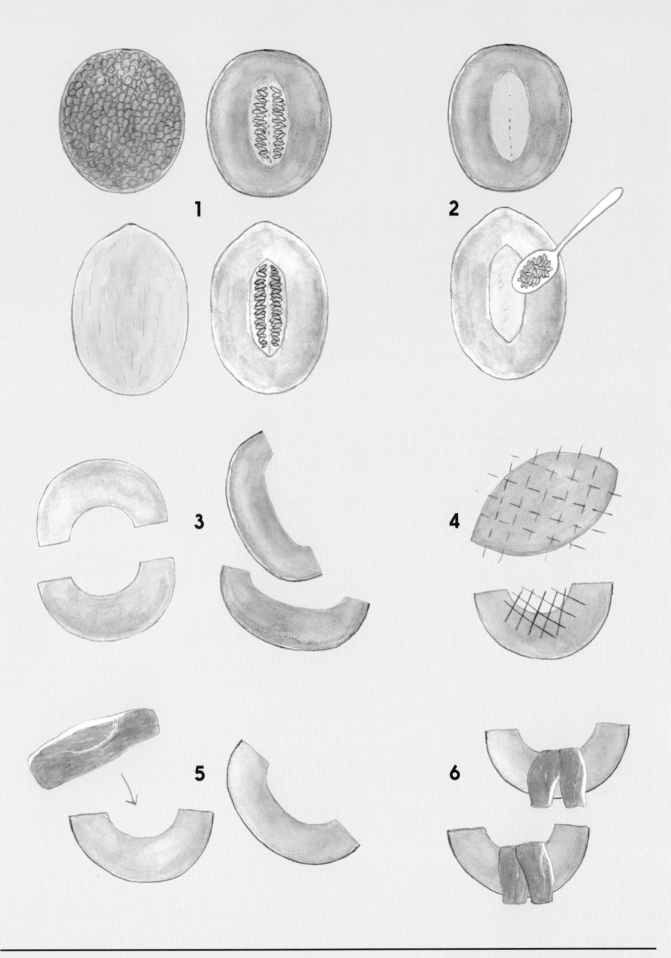

1

2

3

4

5

6

BRUSCHETTA MIT TOMATEN

Bruschetta (ausgesprochen „brus-ketta") wurde ursprünglich erfunden, um altbackenes Brot zu verwerten, indem man es röstete und mit leckeren Zutaten belegte. Die einfachste Variante wird mit saftigen, reifen Tomaten hergestellt – viele Italiener halten sie für die beste Variante! Du kannst es auch mit Mozzarella, Basilikum, Schinken oder geröstetem Gemüse versuchen.

REICHT FÜR	ZUBEREITUNGSZEIT	BACKZEIT
4 Personen als Vorspeise	15 Minuten	20 Minuten

Als Mittagessen lieber eine größere Menge zubereiten.

1 kleines italienisches Weißbrot (Ciabatta; sprich: „tscha-batta") oder
1 kleines Baguette

—

4 Esslöffel natives Olivenöl extra zum Beträufeln

—

8 reife Flaschentomaten

—

1 Knoblauchzehe

—

frisch gemahlener schwarzer Pfeffer (nach Belieben)

—

einige frische Basilikumblätter (nach Belieben)

BRUSCHETTA MIT TOMATEN

SCHRITT 1

Den Ofen auf 180 °C vorheizen. Das Brot mit einem Sägemesser (Messer mit gezackter Schneide) mithilfe der Klauentechnik (siehe Seite 12–13) in 8 Scheiben schneiden. Dabei etwas diagonal schneiden, sodass die Scheiben eine schöne ovale Form bekommen. Bitte eventuell einen Erwachsenen, das Schneiden zu übernehmen.

SCHRITT 2

Die Brotscheiben flach auf ein Backblech legen. Mit einem Löffel 2 Esslöffel Olivenöl über die Scheiben träufeln – das Brot wird nicht mit Öl bedeckt, sondern nur an einigen Stellen damit beträufelt.

SCHRITT 3

Mit den Ofenhandschuhen das Blech in den Ofen schieben. Nach 10 Minuten das Blech herausnehmen, die Brotscheiben vorsichtig wenden und nochmals 10 Minuten in den Ofen schieben.

SCHRITT 4

Das Brot sollte jetzt hell goldbraun aussehen und kross sein. Das Backblech mit Ofenhandschuhen aus dem Ofen nehmen und auf einen Topfuntersetzer stellen. Etwas abkühlen lassen.

SCHRITT 5

Für den Tomatenbelag eine reife Flaschentomate mit der Brückentechnik (siehe Seite 12–13) längs halbieren. Eine Tomatenhälfte mit der flachen Seite nach unten auf ein Schneidbrett legen.

SCHRITT 6

Wieder mit der Brückentechnik die Tomatenhälfte in lange, dünne Streifen schneiden, dann die Finger in die Klauenposition bewegen und die langen Streifen in kleine Stücke schneiden. Das nennt man „würfeln". Die gewürfelten Tomaten sollten wie winzige Quadrate aussehen, aber es ist nicht schlimm, wenn nicht alle gleich groß sind – schmecken werden sie trotzdem toll!

SCHRITT 7

Die papierartige Schale von der Knoblauchzehe abziehen. Eine Scheibe geröstetes Brot nehmen und beide Seiten mit der Knoblauchzehe abreiben. Mit den anderen Brotscheiben dasselbe machen.

SCHRITT 8

Das geröstete Brot auf einen großen Teller legen, die Tomaten auf dem Brot verteilen und mit dem restlichen Olivenöl beträufeln. Wenn du möchtest, kannst du etwas schwarzen Pfeffer darüberstreuen oder frische, in kleine Stücke zerpflückte Basilikumblätter.

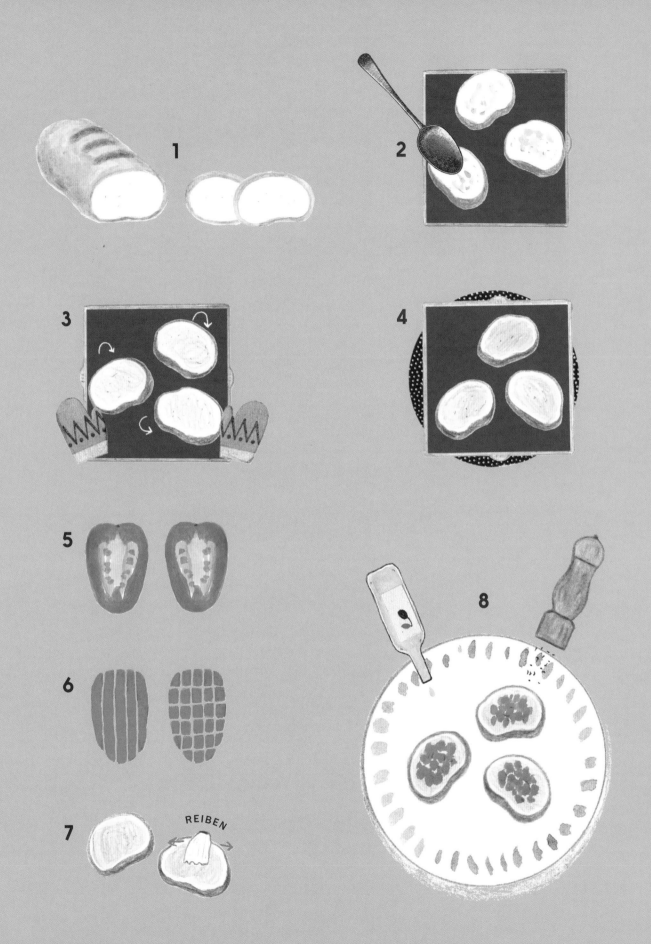

CROSTINI MIT WURSTBRÄT

Crostini sind kleine Toasts mit unterschiedlichen Belägen. Diese hier, mit Wurstbrät und Taleggio-Käse, ergeben mit grünem Salat ein tolles Mittagessen. Taleggio ist ein Weichkäse aus Norditalien, den man früher in Höhlen in den Bergen reifen ließ. Besonderen Spaß macht es bei diesem Rezept, die Fenchelsamen zu zerstoßen, entweder im Mörser (siehe Seite 10–11) oder mit einer Teigrolle.

REICHT FÜR	ZUBEREITUNGSZEIT	BACKZEIT
4 Personen	20 Minuten	15 Minuten

3 Schweinswürstchen

—

1 Teelöffel Fenchelsamen

—

125 g Taleggio-Käse oder anderer Käse, der leicht schmilzt

—

8 Scheiben italienisches Weißbrot

CROSTINI MIT WURSTBRÄT

SCHRITT 1

Den Ofen auf 180 °C vorheizen. Mit der Schere (siehe Seite 10–11) die Wurstpelle aufschneiden und das Brät in eine Schüssel drücken.

SCHRITT 2

Die Fenchelsamen in einen Mörser geben und mit dem Stößel zerstampfen oder die Samen in eine kleine Plastik- oder Holz-schüssel geben und mit dem Griff einer Teigrolle zerstoßen. Die zerstoßenen Fenchelsamen unter das Brät mischen.

SCHRITT 3

Vorsichtig die Rinde vom Käse lösen und wegwerfen. Den Käse in kleine Stücke brechen.

SCHRITT 4

Den Käse in die Schüssel mit dem Wurstbrät geben und alles mit einem Löffel oder einer Gabel vermischen.

SCHRITT 5

Die Brotscheiben auf ein Backblech legen. Falls ein Backblech für all deine Brotscheiben nicht ausreicht, musst du ein zweites Blech nehmen. Jede Brotscheibe mit einer Schicht Wurstmasse bestreichen.

SCHRITT 6

Das Backblech (oder die Bleche) mit Ofenhandschuhen in den Ofen schieben und 15 Minuten backen. Das Brot sollte dann leicht kross und geröstet sein, das Fleisch durchgegart und der Käse geschmolzen.

TALEGGIO-HÖHLEN

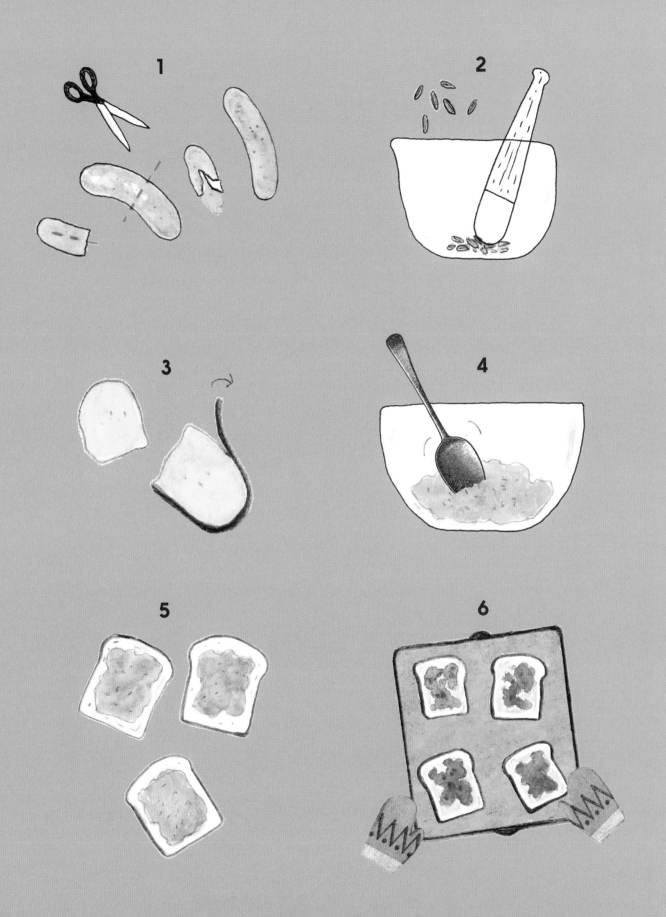

MINIPIZZA-TOASTS

Toll als Vorspeise oder leichtes Mittagessen an einem Sommertag. Du kannst alles im Voraus zubereiten und die Mischung erst auf die Toasts löffeln, wenn du essen willst. Damit es nicht so kleckert, kannst du die Füllung auch wie bei einem Sandwich zwischen zwei Scheiben Toast legen.

REICHT FÜR	ZUBEREITUNGSZEIT	KOCHZEIT
4 Personen	20 Minuten	—

2 feste, reife Tomaten

—

2 Frühlingszwiebeln

—

6 grüne Oliven

—

2 Stängel frische glatte Petersilie

—

einige frische Oreganoblätter

—

1 Esslöffel natives Olivenöl extra

—

etwa 8 Scheiben Weißbrot (oder weniger, wenn die Scheiben sehr groß sind)

—

125 g Mozzarella

MINIPIZZA-TOASTS

SCHRITT 1

Die Tomaten mit der Brückentechnik (siehe Seite 12–13) halbieren und die Samen mit einem Teelöffel herauskratzen. Mit der Klauentechnik (siehe Seite 12–13) die Tomaten in dünne Streifen und dann jeden Streifen in kleine, viereckige Würfel schneiden. Die Tomatenwürfel in eine Schüssel geben.

SCHRITT 2

Mit der Klauentechnik von den Frühlingszwiebeln die Wurzeln und den dunkelgrünen Teil abschneiden. Dann in dünne Scheiben schneiden und zu den Tomaten geben.

SCHRITT 3

Mit einer Teigrolle eine Olive leicht drücken, damit du sie öffnen und den Stein herausziehen kannst. Mit den anderen Oliven dasselbe machen.

SCHRITT 4

Mit der Brückentechnik die Oliven vierteln und zu den Tomaten geben. Die Kräuterblätter von den Stängeln zupfen und mit der Schere (siehe Seite 10–11) in Stücke schneiden. Die Hälfte der Kräuter und des Öls zu den Tomaten geben und alles mit einem Löffel verrühren.

SCHRITT 5

Das Brot im Toaster toasten. Mit einem runden Plätzchenausstecher (etwa 6 cm Durchmesser) Kreise aus dem Toast ausstechen – wie viele Kreise du herausbekommst, hängt von der Größe der Toastscheiben ab.

SCHRITT 6

Den Mozzarella aus der Flüssigkeit nehmen und in kleine Stücke zerpflücken. Die Toastkreise auf einen großen Teller legen. Die Tomatenmasse darauf verteilen und mit Mozzarella belegen. Die frischen Kräuter über die Toasts streuen – guten Appetit!

PANZANELLA-SALAT

Wie Bruschetta (siehe Seite 22) wurde auch Panzanella erfunden, um altes Brot aufzubrauchen. Heute geben italienische Köche gern Oliven oder gehackte Gurke, rote Zwiebeln oder Frühlingszwiebeln in diesen traditionellen Salat. Das kannst du auch mal probieren.Panzanella schmeckt übrigens noch besser, wenn du sie ein paar Stunden vor dem Servieren zubereitest, damit das Brot das Tomatenaroma aufsaugen kann. Am besten verwendest du italienisches Weißbrot und richtig reife Tomaten mit viel Aroma.

REICHT FÜR	ZUBEREITUNGSZEIT	KOCHZEIT
4 Personen	15 Minuten	—

6 Scheiben italienisches Weißbrot (Ciabatta)

—

2 Esslöffel Rotweinessig

—

4 reife, saftige Tomaten

—

frisch gemahlener schwarzer Pfeffer

—

6 Basilikumblätter

—

3 Esslöffel natives Olivenöl extra

—

Oliven, gehackte Gurke, rote Zwiebeln oder Frühlingszwiebeln
Du kannst entweder eine Handvoll von jeder Zutat oder nur
eine Zutat zum Salat geben.

PANZANELLA-SALAT

SCHRITT 1 — Die Rinde von den Brotscheiben abschneiden oder abreißen.

SCHRITT 2 — Das Brot in kleine Stücke reißen und in eine Schüssel geben.

SCHRITT 3 — Etwas Rotweinessig über das Brot träufeln. Das verleiht dem Brot Aroma und macht es schön feucht.

SCHRITT 4 — Die Tomaten mit der Brücken- und der Klauentechnik (siehe Seite 12–13) grob in Stücke schneiden.

SCHRITT 5 — Eine Prise frisch gemahlenen schwarzen Pfeffer zum Brot geben. Die Basilikumblätter zerpflücken und über das Brot streuen, dann mit dem Olivenöl beträufeln.

SCHRITT 6 — Die Tomaten und die anderen Zutaten dazugeben. Mit einem großen Löffel alles vermischen. Wenn du kannst, warte mit dem Essen ein paar Stunden, damit sich die Aromen vermischen können – dann schmeckt der Salat noch besser.

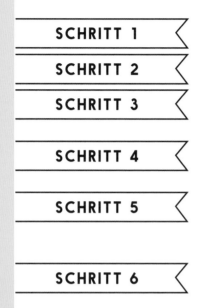

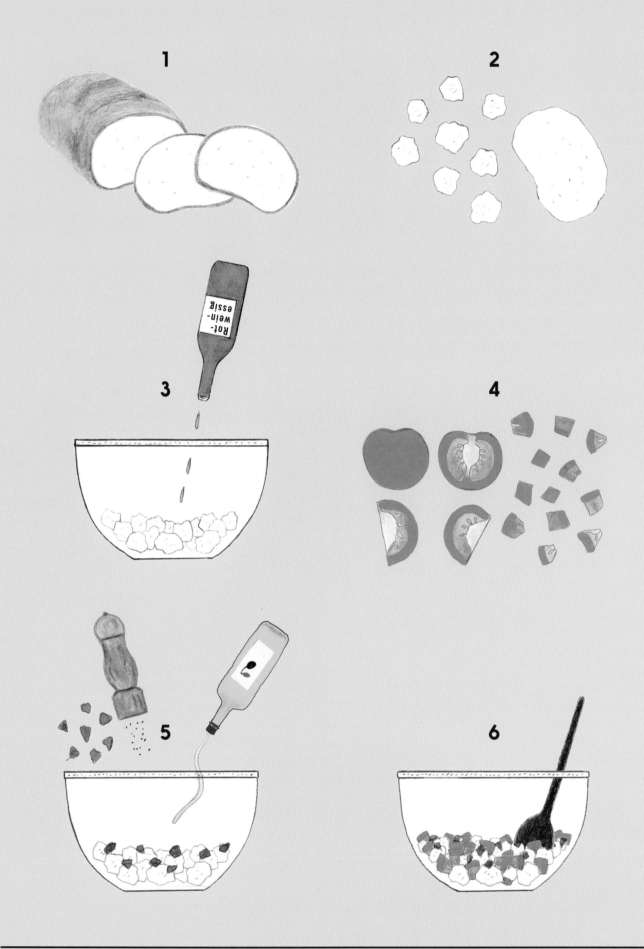

MOZZARELLA-TOMATEN-SALAT

Dieser einfache Salat schmeckt sehr gut mit knusprigem Brot, um den Saft aufzuwischen. Das Rezept stammt von der Insel Capri in Süditalien. Aus dieser Region kommt außerdem die Pizza – Tomaten, Mozzarella und Basilikum findet man auch in vielen traditionellen Pizzarezepten.

Such für dieses Rezept richtig reife Tomaten aus – sie sollten dunkelrot sein und nach Tomate riechen! Es macht nichts, wenn deine Tomatenscheiben nicht alle die gleiche Form haben oder gleich dick sind, schmecken werden sie trotzdem fantastisch. Bewahre Tomaten niemals im Kühlschrank auf! So können sie weiterreifen und schmecken besser.

REICHT FÜR	ZUBEREITUNGSZEIT	KOCHZEIT
4 Personen	10 Minuten	—

4 reife Tomaten

—

250 g Mozzarella

—

8 frische Basilikumblätter

—

2 Esslöffel natives Olivenöl extra

MOZZARELLA-TOMATEN-SALAT

SCHRITT 1

Die reifen Tomaten mit der Brückentechnik (siehe Seite 12–13) in Scheiben schneiden. Sie sollten möglichst dünn sein, aber es ist nicht weiter schlimm, wenn die Scheiben nicht alle gleich dick sind. Vielleicht ist es für dich auch einfacher, die Tomaten zuerst mit der Brückentechnik quer zu halbieren. Dann die Tomatenhälften mit der Schnittseite nach unten auf ein Schneidbrett legen und mit der Klauentechnik in dünne Streifen schneiden. So bekommst du Halbkreise statt halbwegs runder Scheiben.

SCHRITT 2

Den Mozzarella aus der Flüssigkeit nehmen (die hält ihn frisch) und vorsichtig in schöne Stücke zerpflücken. Wenn der Mozzarella sehr weich ist, kannst du die einzelnen Schichten fast wie Blütenblätter abzupfen.

SCHRITT 3

Die Tomaten und den Käse so auf dem Teller verteilen, dass eine hübsche rot-weiße Mischung entsteht. Die Basilikumblätter zerpflücken und darüberstreuen, dann das Olivenöl darüberträufeln. Bis zum Servieren kalt stellen.

SOMMERSALAT MIT CANNELLINI-BOHNEN

Cannellini-Bohnen sind vor allem in einer bestimmten Region Italiens beliebt, der Toskana. Die Leute dort werden sogar *mangiafagioli* genannt, also „Bohnenesser"! Dieser Bohnensalat eignet sich als leichtes Mittagessen im Sommer oder als Beilage zu Würstchen oder gekochtem Hühnchen. Ebenso gibt er ein tolles Lunchpaket für unterwegs ab. Bei diesem Rezept kannst du gut das Hacken mit einem kleinen Messer üben, weil du zuerst das Gemüse in kleine Stücke schneiden musst.

REICHT FÜR	ZUBEREITUNGSZEIT	KOCHZEIT
4 Personen	15 Minuten	25 Minuten

1 Aubergine

—

1 gelbe Paprikaschote

—

2 reife Tomaten

—

1 Knoblauchzehe

—

2 Esslöffel natives Olivenöl extra

—

400 g Cannellini-Bohnen aus der Dose, abgetropft und abgespült

—

1 Bio-Zitrone

—

4 frische Basilikumblätter

—

1 Stängel frische glatte Petersilie

SOMMERSALAT MIT CANNELLINI-BOHNEN

SCHRITT 1

Die Aubergine würfeln: Mit der Brückentechnik (siehe Seite 12–13) die Aubergine quer halbieren und dann jede Hälfte nochmals längs halbieren. Die Viertel mit der flachen Seite auf ein Schneidbrett legen und mit der Brückentechnik jedes Viertel in schmale Streifen schneiden. Mit der Klauentechnik (siehe Seite 12–13) jeden Streifen in kleine Stücke schneiden.

SCHRITT 2

Zum Würfeln der Paprika genauso vorgehen wie bei der Aubergine: Erst halbieren und die Samen und die weiße Haut entfernen, dann in Streifen schneiden. Die Paprikastreifen dann in kleine Stücke schneiden.

SCHRITT 3

Dann genauso die Tomaten würfeln: Halbieren, mit der Schnittseite nach unten auf ein Schneidbrett legen und in dünne Streifen schneiden. Jeden Streifen in kleine Stücke schneiden.

SCHRITT 4

Die papierartige Schale von der Knoblauchzehe abziehen. Das Öl in einen Topf mit dickem Boden geben, Knoblauchzehe, Aubergine und Paprika zufügen und bei schwacher Hitze etwa 10 Minuten braten, bis die Paprika weich ist. Dabei gelegentlich umrühren.

SCHRITT 5

Tomaten und Bohnen dazugeben, abdecken und 15 Minuten ganz schwach kochen lassen. Dabei gelegentlich umrühren.

SCHRITT 6

Den Topf vom Herd nehmen, den Knoblauch mit einer Gabel herausnehmen und wegwerfen.

SCHRITT 7

Vorsichtig die gelbe Schale von der Zitrone reiben, dabei die Finger weit weg von der Reibe halten (siehe Seite 14–15). Nicht die weiße Haut unter der gelben Schale mitreiben – die schmeckt bitter!

SCHRITT 8

Die Basilikumblätter in kleine Stücke zerpflücken und die Petersilienblätter mit der Schere klein schneiden (siehe Seite 10–11).

SCHRITT 9

Bohnen und Gemüse mit dem Löffel in eine große Servierschüssel umfüllen. Zitronenschale und Kräuter darüberstreuen, alles vermischen und essen. Dieses Gericht schmeckt warm und auch kalt.

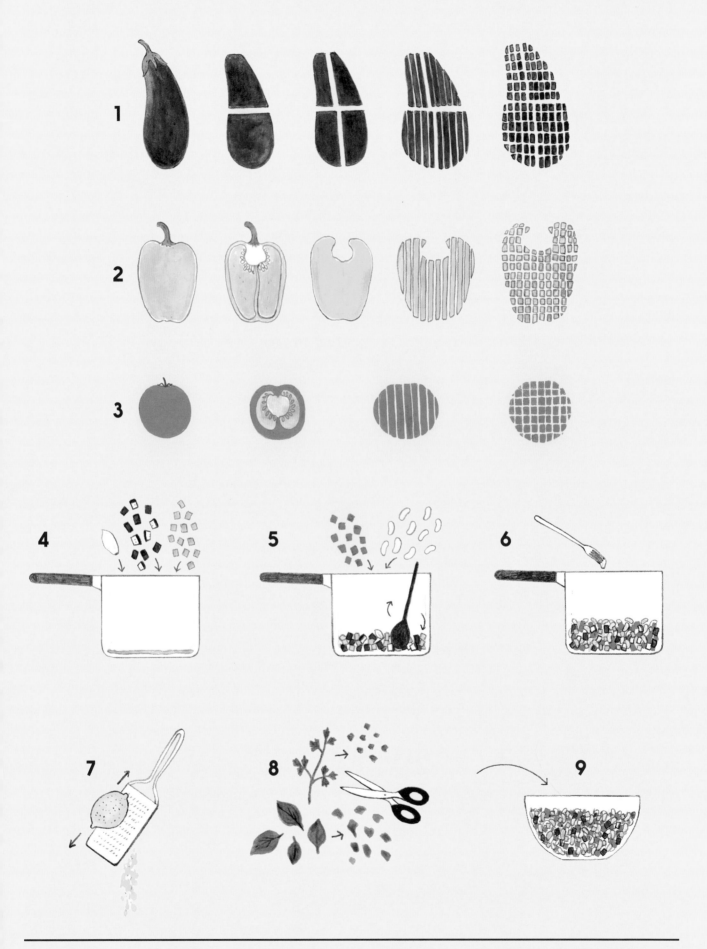

THUNFISCH-BOHNEN-SALAT

Für diesen Salat kannst du auch Thunfisch aus der Dose nehmen und anderes frisches Gemüse aus dem Kühlschrank oder Garten dazugeben. Er schmeckt besonders gut, weil man die Salatschüssel mit Knoblauch ausreibt, aber auch wegen der knackigen Pinienkerne und der frischen Basilikumblätter. Du kannst auch etwas Zitronensaft darüberträufeln. Das ist das Tolle an Salaten: Man kann die Zutaten abwandeln und eine ganz eigene Kreation herstellen!

REICHT FÜR	ZUBEREITUNGSZEIT	KOCHZEIT
4 Personen	20 Minuten	5 Minuten

1 kleine, dünne Lauchstange

—

1 reife Tomate

—

1 kleiner Kopfsalat oder 1 Endivie

—

4 kleine Thunfischsteaks (oder 2 Dosen Thunfisch, je 185 g, abgetropft)

—

2 Esslöffel Olivenöl

—

1 Knoblauchzehe

—

10 frische Basilikumblätter

—

40 g Pinienkerne

—

400 g Cannellini-Bohnen aus der Dose, abgetropft und abgespült

THUNFISCH-BOHNEN-SALAT

SCHRITT 1

Das Wurzelende vom Lauch abschneiden und den Lauch mit der Klauentechnik (siehe Seite 12–13) in dünne Scheiben schneiden.

SCHRITT 2

Mit der Brückentechnik (siehe Seite 12–13) die Tomaten halbieren und die Samen mit einem Teelöffel herauskratzen.

SCHRITT 3

Mit der Klauentechnik die Tomatenhälften in dünne Scheiben schneiden.

SCHRITT 4

Den Salat oder die Endivie zerpflücken oder mit der Klauentechnik in dünne Streifen schneiden.

SCHRITT 5

Bitte einen Erwachsenen, dir beim Braten der Thunfischsteaks zu helfen (verwendest du Thunfisch aus der Dose, mit Schritt 7 fortfahren). Eine Grill- oder Bratpfanne erhitzen, den Fisch mit Öl bepinseln und in die Pfanne legen.

SCHRITT 6

2 Minuten braten, mit einer Küchenzange wenden und nochmals 2 Minuten braten – der Thunfisch bleibt leicht rosa in der Mitte. Wenn du ihn nicht rosa magst, kannst du ihn auch etwas länger braten.

SCHRITT 7

Die Knoblauchzehe halbieren und die Wände einer Salatschüssel damit abreiben. Die Basilikumblätter zerpflücken und mit den Pinienkernen in die Schüssel geben. Das Öl darüberträufeln und alles mit einem Löffel gut vermischen.

SCHRITT 8

Bohnen, Lauch, Tomate und Salat oder Endivie dazugeben und alles vorsichtig mit einem großen Löffel mischen.

SCHRITT 9

Verwendest du Thunfisch aus der Dose, brichst du ihn in Stücke und mischst ihn mit den Bohnen. Verwendest du frischen Thunfisch, kannst du die Steaks zum Salat servieren oder mit der Brückentechnik in Stücke schneiden und untermischen.

Pinien-kerne

Cannellini-Bohnen

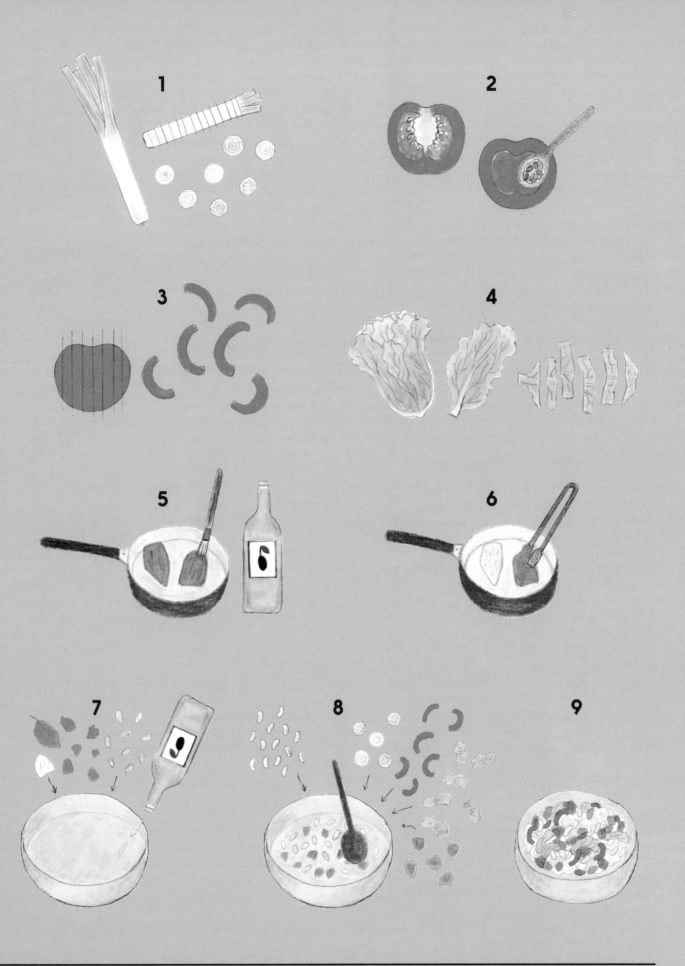

TOSKANISCHE MINESTRONE

Minestrone ist eine Gemüsesuppe, die oft auch Bohnen, Reis oder Nudeln enthält. Du kannst sie eigentlich mit jedem Gemüse zubereiten, das du magst, solange es sehr klein geschnitten ist – eine echte Minestrone besteht immer aus kleinen Stückchen. Mit geriebenem Parmesan bestreut und mit Olivenöl beträufelt, wird daraus ein richtig leckeres Mittag- oder Abendessen. Achte beim Parmesanreiben unbedingt darauf, deine Finger weit weg von der Reibe zu halten!

REICHT FÜR	ZUBEREITUNGSZEIT	KOCHZEIT
4 Personen	25 Minuten	45 Minuten

2 Lauchstangen

—

1 Möhre

—

1 Selleriestange

—

1 Zucchino

—

2 Stängel frische glatte Petersilie

—

2 Esslöffel Olivenöl, plus etwas Olivenöl zum Träufeln über die Suppe

—

1 Dose (400 g) gehackte Tomaten

1 Zweig frischer Rosmarin

—

400 g Cannellini-Bohnen aus derDose, abgetropft und abgespült

—

1 Liter Gemüsebrühe oder Wasser (am besten frisch zubereitete Brühe, sonst Brühe aus gutem Instantpulver)

—

80 g Langkornreis

—

25 g Parmesan

TOSKANISCHE MINESTRONE

SCHRITT 1

Mit der Brücken- und der Klauentechnik (siehe Seite 12–13) von den Lauchstangen unten die Wurzeln und oben die dunkelgrünen Blätter abschneiden. Dann Lauchstangen, Möhre, Sellerie und Zucchini erst quer, dann längs halbieren. Jede Hälfte längs in dünne Streifen schneiden. Mit der Klauentechnik die dünnen Möhren-, Sellerie-, Zucchini- und Lauchstreifen in kleine Stücke schneiden.

SCHRITT 2

Mit der Schere (siehe Seite 10–11) die Petersilie klein schneiden.

SCHRITT 3

Öl, Möhre, Sellerie und Petersilie in einen Topf geben und bei sehr schwacher Hitze etwa 10 Minuten anbraten. Dabei gelegentlich mit einem Kochlöffel umrühren.

SCHRITT 4

Zucchini, Lauch und gehackte Tomaten dazugeben und 10 Minuten dünsten. Dabei gelegentlich umrühren.

SCHRITT 5

Die Blätter vom Rosmarinzweig abzupfen. Bohnen, Rosmarin und Brühe in den Topf geben und alles zum Kochen bringen.

SCHRITT 6

Den Reis dazugeben und 15 bis 20 Minuten weiterkochen, bis er gar ist. Um das zu überprüfen, probierst du ein paar Reiskörner mit einem Teelöffel – Achtung, heiß! Der Reis sollte weich sein, in der Mitte aber noch „Biss" haben.

SCHRITT 7

Beim nächsten Schritt muss dir ein Erwachsener helfen: Die Hälfte der Suppe ganz vorsichtig mit der Kelle in eine Küchenmaschine umfüllen und glatt pürieren. In den Topf zurückgießen und umrühren.

SCHRITT 8

Den Parmesan vorsichtig reiben (siehe Seite 14–15) und über die Suppe streuen. Alles mit etwas Olivenöl beträufeln.

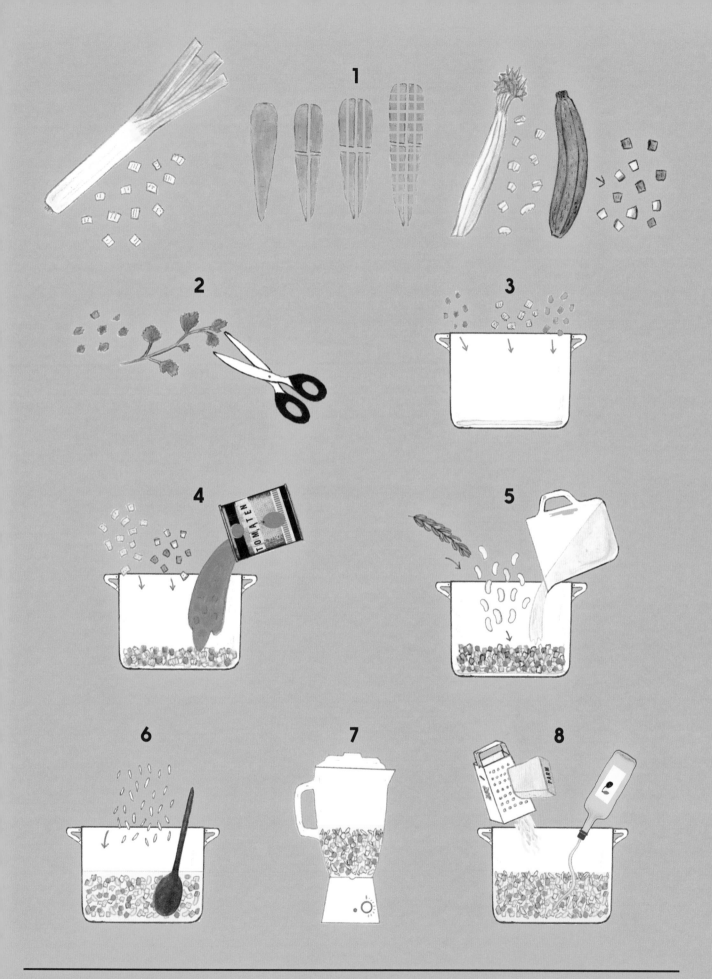

THUNFISCH-FRITTATA MIT BOHNEN UND TOMATEN

Eine Frittata ist eine Art Omelett. Sie eignet sich zum Mittagessen genauso wie für ein Picknick, denn sie schmeckt heiß oder kalt. Wenn du zum ersten Mal Frittata machst, serviere sie am besten nur mit Salat, wenn aber die Zubereitung schon gut gelingt, kannst du auch die Bohnen und Tomaten dazu kochen. Statt Thunfisch kannst du andere Zutaten dazugeben, wie Schinkenwürfel oder zerkrümelten Käse. Möchtest du beide Teile des Rezepts zubereiten, kochst du am besten erst die Bohnen und Tomaten und stellst sie beiseite, während du die Frittata brätst.

REICHT FÜR	ZUBEREITUNGSZEIT	KOCHZEIT
4 Personen	25 Minuten	30 Minuten

FÜR DIE FRITTATA:

1 Frühlingszwiebel

—

6 Bio-Eier

—

1 Stängel frische glatte Petersilie

—

25 g Butter

FÜR DIE BOHNEN UND DIE TOMATEN:

1 Frühlingszwiebel

600 g grüne Bohnen

—

6 grüne Oliven

—

1 Esslöffel natives Olivenöl extra

—

1 Knoblauchzehe

—

1 Dose (400 g) gehackte Tomaten

—

frisch gemahlener schwarzer Pfeffer

—

6 frische Basilikumblätter

THUNFISCH-FRITTATA MIT BOHNEN UND TOMATEN

SCHRITT 1

Mit der Brücken- und der Klauentechnik (siehe Seite 12–13) die Wurzeln vom unteren Ende und die dunkelgrünen Blätter vom oberen Ende der Frühlingszwiebel abschneiden und diese in dünne Scheiben schneiden.

SCHRITT 2

Die Eier in eine Schüssel schlagen (siehe Seite 14–15) und mit einer Gabel leicht verrühren. Mit der Schere die Petersilie klein schneiden und zu den Eiern geben. Den Ofengrill vorheizen.

SCHRITT 3

Die Butter in einer Bratpfanne zerlassen und die Frühlingszwiebel auf mittlerer Hitze in 5 Minuten sanft anbraten. Den Thunfisch dazugeben und vorsichtig umrühren.

SCHRITT 4

Die Hitze etwas erhöhen und die Eier über Thunfisch und Frühlingszwiebeln gießen. Die Masse mehrmals in der Pfanne schwenken, damit sie gleichmäßig stockt. Dann 2 bis 3 Minuten warten, bis die Unterseite der Frittata gar ist.

SCHRITT 5

Die Pfanne mit Ofenhandschuhen 2 bis 3 Minuten unter den Grill stellen, bis die Eier durchgegart sind und die Oberseite goldbraun ist. Mit den grünen Bohnen und Tomaten servieren.

SCHRITT 6

Bohnen und Tomaten: Mit der Brücken- und der Klauentechnik die Wurzeln vom unteren Ende und die dunkelgrünen Blätter vom oberen Ende der Frühlingszwiebel abschneiden und diese in dünne Scheiben schneiden. Die Enden der Bohnen abschneiden.

SCHRITT 7

Mit einer Teigrolle eine Olive leicht drücken, bis du sie öffnen und den Stein herausziehen kannst. Mit den anderen Oliven dasselbe machen.

SCHRITT 8

Einen Topf zur Hälfte mit Wasser füllen. Die grünen Bohnen in einen Dämpfeinsatz oder ein Sieb geben und über dem Wasser auf den Topf stellen. Den Deckel aufsetzen. Das Wasser zum Kochen bringen und die Bohnen 3 bis 4 Minuten dämpfen. Vom Herd nehmen.

SCHRITT 9

Öl, Frühlingszwiebel und Knoblauch in einem Topf bei schwacher Hitze 5 Minuten anbraten. Dabei gelegentlich umrühren.

SCHRITT 10

Mit einer Gabel die ganze Knoblauchzehe herausnehmen. Bohnen, gehackte Tomaten und Oliven zufügen und mit etwas frisch gemahlenem schwarzem Pfeffer würzen.

SCHRITT 11

Das Basilikum zerpflücken und dazugeben, dann 2 bis 3 Minuten bei schwacher Hitze köcheln lassen.

Tagliatelle-Nest

Pizza-(Ein)Rad

Königliche Pizza

PIZZA UND NUDELN

ITALIEN

PIZZATEIG

Pizza ist seit Jahrhunderten sehr beliebt in Italien,
und inzwischen isst man sie auf der ganzen Welt. Sobald
du gelernt hast, wie man Pizzateig selbst macht, kannst
du verschiedene Beläge ausprobieren – einige Ideen
findest du auf Seite 36–37.

ERGIBT	ZUBEREITUNGSZEIT	KOCHZEIT
2 große Pizzas	1½ Stunden	—

FÜR DEN TEIG:

225 g Hartweizenmehl oder italienisches Mehl „tipo 00",
plus Mehl zum Bestäuben

—

1 Päckchen (7 g) Trockenhefe

—

2 Esslöffel Olivenöl, plus etwas Öl zum Bepinseln
der Backbleche

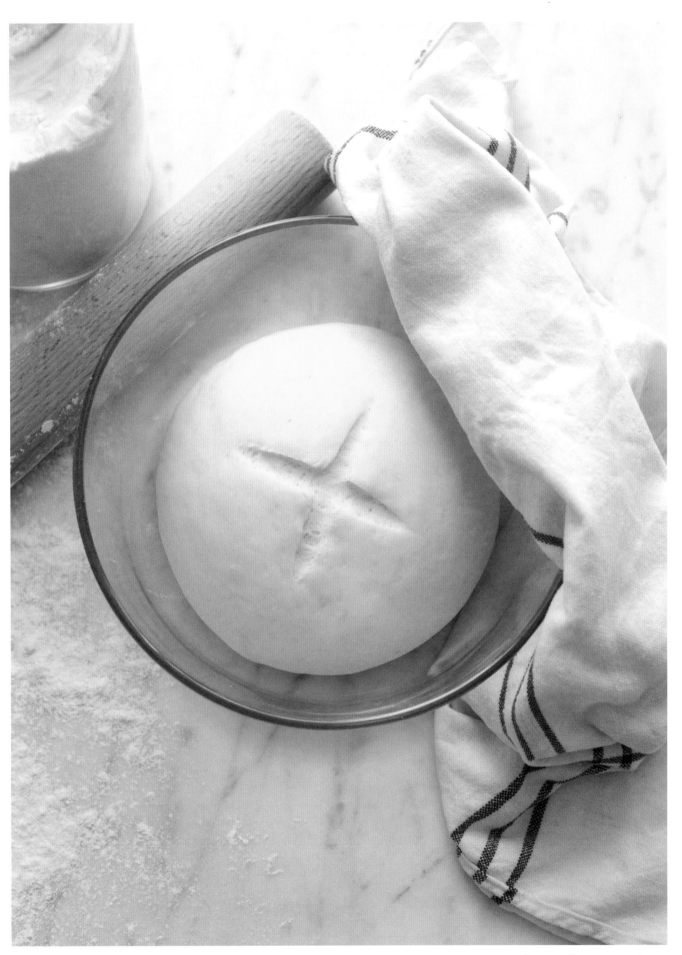

PIZZATEIG

SCHRITT 1

Du brauchst 150 ml lauwarmes Wasser. Tauch deinen Finger hinein, um die Temperatur zu prüfen – das Wasser sollte sich gerade eben warm anfühlen.

SCHRITT 2

Das Mehl in eine sehr große Schüssel sieben. Die Trockenhefe darüberstreuen.

SCHRITT 3

Eine Mulde – ein großes Loch – in die Mitte des Mehls drücken. Sie muss so tief sein, dass du den Schüsselboden siehst. Das lauwarme Wasser und das Olivenöl in die Mulde gießen.

SCHRITT 4

Mit einem Kochlöffel alles zu einem weichen Teig verrühren.

SCHRITT 5

Etwas Mehl auf die Arbeitsfläche streuen. Den Teig darauflegen und durchkneten. Dazu den Teig mit den Handballen von dir wegschieben und dann mit den Fingern wieder zurückziehen. Knete den Teig auf diese Weise 5 Minuten lang, bis du ihn wie ein großes Stück Gummi auseinanderziehen kannst.

SCHRITT 6

Die Schüssel waschen und trocknen. Den Teig zu einer großen Kugel formen, in die Schüssel legen und mit einem sauberen Geschirrtuch abdecken. Etwa 1 Stunde an einen warmen Ort stellen, bis die Kugel doppelt so groß ist.

SCHRITT 7

Mit einem Teigpinsel 2 große Backbleche mit etwas Öl bepinseln oder 2 Stücke Backpapier so zurechtschneiden, dass sie auf die Bleche passen.

SCHRITT 8

Etwas Mehl auf die Arbeitsfläche streuen. Den Teig aus der Schüssel nehmen und mit einem Messer in zwei Hälften schneiden.

SCHRITT 9

Jede Hälfte mit den Händen flach drücken und mit der Teigrolle zu einem großen Kreis ausrollen. Der Teigfladen sollte etwa 5 mm dick und so groß sein wie ein großer flacher Teller. Mit der anderen Hälfte dasselbe machen.

SCHRITT 10

Die beiden Teigfladen jeweils auf ein Backblech legen – eventuell musst du dazu jemanden um Hilfe bitten! Jetzt kann die Pizza belegt werden.

Hinweis: In Italien schüttet man das Mehl direkt durch ein Sieb auf die Arbeitsfläche statt in eine Schüssel. Das macht zwar mehr Dreck, aber wenn du den Teig einige Male in der Schüssel zubereitet hast, kannst du es ja auch mal so probieren!

PIZZA MARGHERITA

1889, als Italien noch ein Königreich war, befahl Königin Margherita ihrem Koch, eine Pizza für sie zu backen. Er nahm Zutaten, die zur italienischen Flagge passten: rote Tomaten, weißen Mozzarella und grünes Basilikum. Du kannst zusätzlich noch Parmesan über deine Pizza streuen, sobald sie aus dem Ofen kommt, dann schmeckt sie noch würziger.

Passierte Tomaten sind gesiebtes Tomatenpüree mit einem feinen Aroma. Sie sind auf jeder Pizza zu finden. Wenn du keine frischen, reifen Tomaten hast, schmeckt die Pizza auch nur mit passierten Tomaten.

ERGIBT	ZUBEREITUNGSZEIT	BACKZEIT
2 große Pizzas	1½ Stunden	20 Minuten

2 Pizzaböden (siehe Seite 60–63)

—

4–5 Esslöffel passierte Tomaten

—

4 reife Tomaten

—

150 g Mozzarella

—

6 frische Basilikumblätter, plus einige Blätter zum Garnieren

—

1 Handvoll frisch geriebener Parmesan (nach Belieben)

PIZZA NAPOLETANA

Die Pizza Napoletana, die in Neapel erfunden wurde, ist ein weiterer traditioneller Belag für Pizzas. Anchovis sind eine wichtige Zutat für diese Pizza. Sie schmecken sehr salzig. Wenn du dir nicht sicher bist, ob du Anchovis magst, verwendest du bei deiner ersten Pizza Napoletana besser nur die Hälfte der hier angegebenen Menge.

ERGIBT	ZUBEREITUNGSZEIT	BACKZEIT
2 große Pizzas	1½ Stunden	20 Minuten

2 Pizzaböden (siehe Seite 60–63)

—

4–5 Esslöffel passierte Tomaten

—

4 reife Tomaten

—

150 g Mozzarella

—

8 Anchovisfilets aus der Dose, abgetropft

—

1 Prise getrockneter Oregano

WÜRSTCHEN-PIZZA

Die Würstchen-Pizza hat keine so alte Geschichte
wie die anderen beiden, aber Würstchen und Pancetta
(sprich „pan-tschetta", eine Art Speck) schmecken
gut mit Rosmarin.

ERGIBT	ZUBEREITUNGSZEIT	BACKZEIT
2 große Pizzas	1½ Stunden	20 Minuten

2 Pizzaböden (siehe Seite 60–63)

—

200 g Bratwürste

—

50 g Pecorino

—

frisch gemahlener schwarzer Pfeffer

—

4–5 Esslöffel passierte Tomaten

—

4 reife Tomaten

—

100 g Pancetta (eine Art Speck) in Scheiben oder in Würfeln

—

1 Zweig frischer Rosmarin

—

einige frische Basilikumblätter

PIZZA MARGHERITA

SCHRITT 1

Den Ofen auf 200 °C vorheizen. Auf jedem Pizzaboden 2 bis 3 Esslöffel passierte Tomaten mit dem Löffelrücken verteilen. Mit der Brückentechnik (siehe Seite 12–13) die reifen Tomaten halbieren und dann mit der Klauentechnik (siehe Seite 12–13) in Scheiben schneiden. Die Tomatenscheiben gleichmäßig auf den beiden Pizzaböden verteilen.

SCHRITT 2

Den Mozzarella in Stücke zupfen und über den Tomaten verteilen. Die Basilikumblätter zerpflücken und ebenfalls über die Pizza streuen. Mit den Ofenhandschuhen beide Pizzableche in den Ofen schieben und 15 bis 20 Minuten backen, bis die Böden goldbraun und durchgegart sind. Vor dem Servieren einige zusätzliche Basilikumblätter zerpflücken und über die Pizzas streuen.

PIZZA NAPOLETANA

SCHRITT 1

Den Ofen auf 200 °C vorheizen. Schritt 1 wie bei der Pizza Margherita ausführen. Anschließend den Mozzarella in Stücke zupfen und über den Tomaten verteilen.

SCHRITT 2

Wegen ihres kräftigen, salzigen Aromas sind die Anchovis eine wichtige Zutat bei dieser Pizza. Nimm beim ersten Mal lieber nur die Hälfte der angegebenen Menge. Zuerst die Anchovis in kleine Stücke zerpflücken und auf der Pizza verteilen, dann den Oregano darüberstreuen. Zum Backen so vorgehen wie bei der Pizza Margherita, Schritt 2.

WÜRSTCHEN-PIZZA

SCHRITT 1

Den Ofen auf 200 °C vorheizen. Mit der Schere (siehe Seite 10–11) die Wurstpelle aufschneiden und das Brät in eine Schüssel drücken. Den Pecorino vorsichtig reiben, dabei die Finger immer von der Reibe weg halten (siehe Seite 14–15). Den geriebenen Käse dazugeben, mit etwas frisch gemahlenem schwarzem Pfeffer würzen und alles mit einem Löffel verrühren.

SCHRITT 2

Schritt 1 wie bei der Pizza Margherita ausführen. Dann die Wurstmasse in kleinen Häufchen auf den Tomaten verteilen. Wenn die Pancetta nicht gewürfelt ist, mit der Schere in kleine Stücke schneiden und über die Piz za streuen. Die Nadeln vom Rosmarinzweig zupfen, die Basilikumblätter zerpflücken und beides auf der Pizza verteilen. Zum Backen so vorgehen wie bei der Pizza Margherita, Schritt 2.

Linguine

Ravioli

Lumache

NUDELN

Fusilli

Penne

Cappellini

Conchiglie

Maccheroni

Tagliatelle

Rigatoni

Farfalle

Cappelletti

Nudeln sind ein Grundnahrungsmittel in Italien. Viele Italiener haben spezielle große, tiefe Töpfe mit Deckel, die sie nur zum Nudelkochen verwenden. Man braucht einen großen Topf, weil die Nudeln beim Kochen größer werden und viel Platz brauchen, um sich bewegen zu können. Ist der Topf zu klein, werden die Nudeln am Boden schneller gar als der Rest. Einige moderne Nudeltöpfe haben ein eingebautes Sieb, durch das die fertigen Nudeln abgegossen werden können.

Nudeln gibt es in allen möglichen verschiedenen Formen und Größen mit hübschen Namen: Zu den kurzen Nudelsorten gehören Cappelletti, was „kleine Hüte" bedeutet, und Farfalle, die „Schmetterlinge". Lange Nudelsorten sind etwa Linguine („kleine Zungen") und Capellini („feine Haare") – die dünnste, feinste Nudelsorte, die es gibt. Wie viele Nudelsorten fallen dir ein? Wie viele hast du schon probiert?

Nudeln sind schnell und einfach gekocht – ideal, wenn man es eilig hat. Es gibt zwei Sorten von Nudeln: frische und getrocknete. Frische Nudeln werden normalerweise aus Mehl und Eiern hergestellt (siehe Seite 74–77) und halten nur wenige Tage. Getrocknete Nudeln bestehen meist nur aus Mehl und Wasser und können monatelang gelagert werden.

In Italien achtet man sehr sorgfältig darauf, die Nudeln nicht zu übergaren. Sie sollen zwar weich, aber in der Mitte noch etwas fest sein. Man sagt, sie sollen „Biss" haben – auf Italienisch heißt das *al dente* („auf den Zahn").

WIE MAN NUDELN KOCHT

SCHRITT 1

Fülle den größten Topf, den du finden kannst, zu drei Vierteln mit kaltem Wasser. Bitte einen Erwachsenen, dir beim Tragen zum Herd zu helfen. Das Wasser bei starker Hitze zum Kochen bringen.

SCHRITT 2

Die Nudeln vorsichtig hineingeben und gut umrühren. Während der Kochzeit gelegentlich mit einem langstieligen Löffel umrühren, damit sie nicht aneinanderkleben. Die Nudeln 1 Minute kürzer kochen, als auf der Packung angegeben, weil sie besser schmecken, wenn sie *al dente* sind und nicht matschig. Eine Nudel mit der Gabel aus dem Topf nehmen, etwas abkühlen lassen und probieren, ob sie gar ist – sie sollte weich sein, aber noch etwas „Biss" haben.

SCHRITT 3

Bitte einen Erwachsenen, dir beim Abgießen durch ein großes Sieb zu helfen. Die Nudeln sofort mit einer Sauce servieren.

SELBST GEMACHTE NUDELN

Du brauchst nur zwei Zutaten, um frische Nudeln herzustellen – Mehl und Eier. In Italien sagt man, das beste Mehl für die Nudelzubereitung ist die Sorte 00 (*doppio zero* oder Doppelnull). Sie ist sehr fein und ergibt einen glatten Teig. Wenn du diese Mehlsorte nicht findest, nimmst du stattdessen Hartweizenmehl. Das beste Aroma und die schönste Farbe bekommen deine Nudeln, wenn du Eier von Hühnern nimmst, die frei herumlaufen dürfen und Gras und Mais zu fressen bekommen. Nudeln selbst herzustellen macht großen Spaß. In Italien wird der Teig direkt auf einer Arbeitsfläche geknetet, aber am Anfang solltest du in einer Schüssel arbeiten. Wenn du später genau weißt, wie es geht, kannst du es auch mal auf die italienische Art versuchen. Frisch zubereitete Nudeln schmecken toll zu allen Saucen in diesem Buch, von Tomatensauce (siehe Seite 86–89) bis Pesto (siehe Seite 94–97).

REICHT FÜR	ZUBEREITUNGSZEIT	KOCHZEIT
4 Personen	1½ Stunden	—

200 g italienisches Mehl „tipo 00" (oder Hartweizenmehl)

—

2 große Bio-Eier

SELBST GEMACHTE NUDELN

SCHRITT 1

Das Mehl in eine große Schüssel sieben. In die Mitte des Mehlhaufens eine Mulde graben. Der Schüsselboden sollte zu sehen sein.

SCHRITT 2

Die Eier in eine Schüssel schlagen (siehe Seite 14–15) und dann in die Mulde gießen. Die Finger einer Hand wie einen Löffel benutzen, um Eigelb und Eiweiß miteinander zu vermischen. Langsam weiter umrühren. Dabei fällt immer mehr Mehl in die Eimasse, bis alles miteinander vermengt ist.

SCHRITT 3

Jetzt kannst du mit beiden Händen eine Teigkugel formen. Wenn das Mehl nicht richtig halten will, die Hände mit etwas Wasser anfeuchten und den Teig dann weiter vermengen.

SCHRITT 4

Sobald der Teig zu einer großen Kugel geformt ist, kannst du ihn kneten. Am besten geht das, indem du den Teig auf eine saubere, mit Mehl bestreute Arbeitsfläche legst, mit den Handballen nach unten drückst, einmal umschlägst und ihn wieder wegdrückst. Den Teig immer weiter drücken und ziehen, bis du eine glatte Teigkugel hast. Es dauert etwa 10 bis 15 Minuten, bis der Teig schön glatt und elastisch ist. Wenn du zu früh aufhörst, kann der Teig beim Ausrollen reißen.

SCHRITT 5

Gönne dir und dem Teig eine kleine Pause! Die Teigkugel in ein feuchtes Geschirrtuch wickeln und ungefähr 30 Minuten bis 1 Stunde in der Küche ruhen lassen.

SCHRITT 6

Nun geht es ans Ausrollen. Den Teig in zwei Hälften schneiden – es ist einfacher, zwei kleinere Stücke auszurollen als ein großes. Eine Hälfte wieder in das feuchte Geschirrtuch wickeln, damit sie nicht austrocknet. Etwas Mehl über die Teigrolle und eine saubere Arbeitsfläche streuen und das andere Teigstück ausrollen. Dabei den Teig immer wieder ein Stückchen drehen, damit er nicht auf der Arbeitsfläche kleben bleibt. Vielleicht musst du ihn auch anheben und noch mehr Mehl darunterstreuen. Der Nudelteig muss so dünn wie möglich ausgerollt werden, bis er etwa so groß ist wie ein DIN-A4-Blatt. Wenn du eine Nudelmaschine hast, kannst du den Teig auch damit ausrollen.

SCHRITT 7

Die Nudeln schneidest du mit einem kleinen, scharfen Messer. Für Tagliatelle, die aussehen wie Bänder, den Teig in lange, etwa 5 mm breite Streifen schneiden. Es ist nicht schlimm, wenn sie nicht ganz gerade sind, schmecken werden sie genauso gut!

SCHRITT 8

Einen großen Topf zu drei Vierteln mit Wasser füllen und zum Kochen bringen. Die frischen Nudeln vorsichtig hineingeben und nur 3 bis 4 Minuten kochen, bis sie gerade gar sind. Die Nudeln sollten weich sein und nicht mehr „roh" schmecken. Bitte einen Erwachsenen, dir beim Abgießen der Nudeln zu helfen.

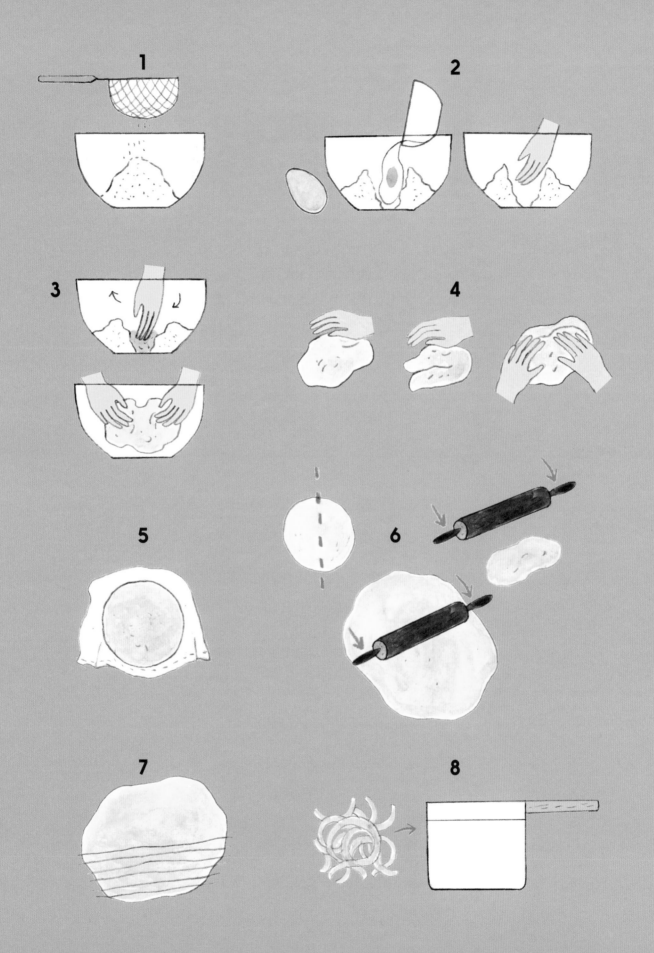

RAVIOLI NAPOLETANA

Ravioli sind flache, gefüllte Nudeln, die so ähnlich aussehen wie kleine Kissen. Sie können unterschiedlich gefüllt sein. Wenn du dieses Rezept gut beherrschst, versuche es ruhig mal mit anderen Füllungen, zum Beispiel mit gekochtem Kürbis und Ricotta.

REICHT FÜR	ZUBEREITUNGSZEIT	KOCHZEIT
4 Personen	2 Stunden	5 Minuten

1 Rezept Tomatensauce (siehe Seite 86–89)

FÜR DEN FRISCHEN NUDELTEIG:

300 g italienisches Mehl „tipo 00" oder Hartweizenmehl

—

3 große Bio-Eier

FÜR DIE FÜLLUNG:

100 g Ricotta

—

100 g gekochter Schinken

—

1 Stängel frische glatte Petersilie

—

1 Bio-Ei

—

100 g Mozzarella

—

100 g Parmesan

RAVIOLI NAPOLETANA

SCHRITT 1

Für die Tomatensauce die Schritte 1 bis 5 auf den Seiten 46 bis 47 ausführen. Die Sauce beiseitestellen.

SCHRITT 2

Für den Nudelteig die Schritte 1 bis 3 des Grundrezepts auf den Seiten 40 bis 41 ausführen. Den Teig mit einem feuchten Geschirrtuch abdecken und 30 Minuten ruhen lassen.

SCHRITT 3

Für die Füllung den Ricotta in eine Schüssel geben und mit einem Kochlöffel verrühren. Den Schinken in kleine Stücke zerpflücken und zum Ricotta geben.

SCHRITT 4

Mit der Schere die Petersilienblätter klein schneiden und zum Ricotta geben. Das Ei in eine kleine Schüssel schlagen (siehe Seite 14–15) und mit einer Gabel verrühren. Dann zum Käse schütten.

SCHRITT 5

Den Mozzarella in kleine Stücke zupfen und zum Ricotta geben.

SCHRITT 6

Den Parmesan vorsichtig reiben, dabei die Finger von der Reibe fernhalten (siehe Seite 14–15). Den geriebenen Parmesan zum Ricotta geben. Alles mischen, abdecken und die Füllung in den Kühlschrank stellen, bis du sie brauchst.

SCHRITT 7

Einen großen Topf zu drei Vierteln mit Wasser füllen und das Wasser zum Kochen bringen. Dann die Hitze so weit herunterdrehen, dass es nur noch leicht siedet, damit du die Nudeln sofort hineingeben kannst, wenn sie fertig sind.

SCHRITT 8

Den Nudelteig in zwei Teile schneiden und eine Hälfte wieder in das feuchte Geschirrtuch wickeln. Die andere Hälfte des Teigs so dünn wie möglich auf die Größe eines DIN-A4-Blatts ausrollen.

SCHRITT 9

Mit einem Plätzchenausstecher Kreise aus dem Teig ausstechen. Du musst schnell sein, damit der Teig dabei nicht austrocknet. Du brauchst eine gerade Anzahl von Kreisen – am besten 16.

SCHRITT 10

Eine kleine Schüssel mit Wasser füllen. Etwas Füllung in die Mitte von 8 Teigkreisen löffeln, einen Finger in die Schüssel mit Wasser stecken und die Ränder der Ravioli damit anfeuchten. Die anderen 8 Kreise darauflegen. Die Ränder der Teigkreise mit den Fingern vorsichtig zusammendrücken. Achte dabei darauf, dass sich keine Luftblasen bilden. Das Ganze mit der anderen Teighälfte und der restlichen Füllung wiederholen.

SCHRITT 11

Die Ravioli etwa 5 Minuten kochen, bis sie an die Wasseroberfläche steigen. Mit einem Schaumlöffel vorsichtig aus dem kochenden Wasser heben und prüfen, ob sie gar sind. Die Nudeln sollten weich sein und nicht mehr „roh" schmecken. Die Ravioli mit der Tomatensauce servieren.

TAGLIATELLE MIT SAHNE, ERBSEN UND SCHINKEN

Das Rezept zeigt, wie die Italiener ihre Nudelsauce am liebsten essen: Die Menge der Sauce muss gerade ausreichen, um die Nudeln zu bedecken, doch die Sauce soll nicht als großer Haufen obendrauf liegen.

Wenn du Knoblauch magst, kannst du in Schritt 2 noch eine zerdrückte Knoblauchzehe mit der Zwiebel in den Topf geben.

REICHT FÜR	ZUBEREITUNGSZEIT	KOCHZEIT
4 Personen	1¾ Stunden	25 Minuten

1 Rezept frischer Nudelteig (siehe Seite 74–77)
oder 400 g Tagliatelle

—

1 Zwiebel oder 2 Frühlingszwiebeln

—

10 g Butter

—

2 Teelöffel Olivenöl

—

200 g frische Erbsen, gepalt (oder Tiefkühl-Erbsen,
wenn du keine frischen bekommst)

—

2 Scheiben gekochter Schinken

—

100 g Schlagsahne

—

40 g Parmesan

TAGLIATELLE MIT SAHNE, ERBSEN UND SCHINKEN

SCHRITT 1

Wenn du den Nudelteig selbst herstellst, die Schritte 1 bis 7 auf den Seiten 40 bis 41 ausführen. Den ausgerollten Teig in lange, dünne Streifen schneiden.

SCHRITT 2

Mit der Brücken- und der Klauentechnik (siehe Seite 12–13) die Zwiebel oder die Frühlingszwiebeln klein schneiden. Butter und Öl in einem Topf auf schwacher Hitze erwärmen (die Butter sorgt für das Aroma, und das Öl verhindert das Anbrennen). Die Zwiebel dazugeben und 5 Minuten sanft anbraten, bis sie ganz weich ist. Ab und zu mit einem Kochlöffel umrühren.

SCHRITT 3

Die Erbsen dazugeben und umrühren, bis alle mit der Kochflüssigkeit benetzt sind. 5 Minuten dünsten, dabei gelegentlich mit einem Kochlöffel umrühren. Mit der Schere den Schinken klein schneiden.

SCHRITT 4

Die Sahne dazugeben und 5 Minuten weiterkochen, dann den Schinken in den Topf geben.

SCHRITT 5

Einen großen Topf zu drei Vierteln mit Wasser füllen und zum Kochen bringen. Die frischen Tagliatelle hineingeben und 3 bis 4 Minuten kochen, bis sie eben gar sind. Sie sollten weich sein und nicht mehr „roh" schmecken. Wenn du fertige Nudeln verwendest, die Anweisungen auf Seite 39 befolgen. Bitte einen Erwachsenen, dir beim Abgießen der Nudeln zu helfen.

SCHRITT 6

Fülle die Nudeln wieder in den leeren Topf. Die Sauce mit der Kelle über die Nudeln schöpfen. Den Parmesan mit den kleinen Löchern der Küchenreibe reiben (siehe Seite 14–15) und über die Nudeln streuen. Alles vermischen und sofort servieren!

SPAGHETTI MIT TOMATENSAUCE

Italienisches Essen ohne Tomaten kann man sich kaum vorstellen, aber eigentlich wachsen sie erst seit dem 16. Jahrhundert in Italien. Zuerst beäugten die Leute die Tomate sehr argwöhnisch, weil sie mit einer giftigen Pflanze verwandt ist, der Tollkirsche. Zu unserem Glück fand man aber bald heraus, wie köstlich sie schmeckt. Der italienische Name für Tomate, *pomodoro*, bedeutet „goldener Apfel".

REICHT FÜR	ZUBEREITUNGSZEIT	KOCHZEIT
4 Personen	5 Minuten	50 Minuten

1 Dose (400 g) gehackte Tomaten

—

1 Teelöffel brauner Zucker

—

1–2 Knoblauchzehen, je nach Geschmack

—

400 g Spaghetti

—

10 frische Basilikumblätter

—

2 Esslöffel Olivenöl

SPAGHETTI MIT TOMATENSAUCE

SCHRITT 1

Die Tomaten aus der Dose in einen Topf schütten und den Zucker dazugeben.

SCHRITT 2

Die Knoblauchzehen leicht mit einer Teigrolle andrücken, dann schälen und zu den Tomaten geben.

SCHRITT 3

Die Tomaten langsam zum Kochen bringen, den Deckel aufsetzen und bei sehr schwacher Hitze etwa 40 Minuten köcheln lassen. Die Tomaten gelegentlich mit einem Kochlöffel umrühren.

SCHRITT 4

Etwa 15 Minuten, bevor die Sauce fertig ist, einen großen Topf Wasser zum Kochen bringen und die Spaghetti darin kochen (siehe Seite 73). Bitte einen Erwachsenen, dir beim Abgießen der Nudeln zu helfen, und fülle sie danach wieder in den Topf.

SCHRITT 5

Die Tomatensauce vom Herd nehmen, die Basilikumblätter klein zerpflücken und mit dem Öl zur Sauce geben.

SCHRITT 6

Die Sauce vorsichtig über die Spaghetti schütten oder mit der Kelle darüberschöpfen. Alles vermengen und sofort servieren.

„Pomodoro" bedeutet „Goldener Apfel"

Tollkirsche
„NICHT ESSEN"

SPAGHETTI AMATRICIANA

In Italien gilt, dass jede Nudelform nur mit bestimmten Saucen serviert werden sollte. Zu langen, dünnen Nudeln gibt es normalerweise glatte Saucen, während kurze, dicke Nudeln oft mit stückigen Saucen serviert werden, weil sie die Stücke in der Sauce gut in ihrem hohlen Inneren aufnehmen können.

In diesem Rezept sind die Spaghetti mit Tomatensauce überzogen. Wenn du die Nudeln um die Gabel wickelst, ziehst du sie durch die Sauce und isst beides zusammen.

REICHT FÜR	ZUBEREITUNGSZEIT	KOCHZEIT
4 Personen	10 Minuten	1¼ Stunden

1 frische rote Chilischote

—

100 g Pancetta oder Frühstücksspeck (Würfel oder Scheiben)

—

1 Zwiebel

—

1 Teelöffel Olivenöl

—

1 Dose (400 g) gehackte Tomaten

—

400 g Spaghetti

—

frisch gemahlener Pfeffer

SPAGHETTI AMATRICIANA

SCHRITT 1

Die schärfsten Teile der Chilischote sind die weißen Trennwände und die Samen. Wenn du beides entfernst, bekommt die Sauce Chiliaroma und wird etwas, aber nicht zu scharf. Die Chilischote mit der Brückentechnik (siehe Seite 12–13) halbieren und mit einem Teelöffel die Samen herauskratzen. Wenn du die Samen anfasst, darfst du danach keinesfalls deine Augen berühren, sonst brennt es heftig! Die Chilischote mit der Klauentechnik in kleine Stücke schneiden. Danach sofort die Hände waschen!

SCHRITT 2

Mit der Schere (siehe Seite 10–11) die Pancetta oder den Frühstücksspeck in kleine Stücke schneiden, wenn er nicht schon gewürfelt ist.

SCHRITT 3

Mit der Brücken- und der Klauentechnik (siehe Seite 12–13) die Zwiebel klein hacken.

SCHRITT 4

Das Olivenöl in einen Topf mit dickem Boden geben. Die Pancetta oder den Speck dazugeben und auf mittlerer Hitze 3 Minuten braten – beim Garen wechselt die Pancetta die Farbe von leuchtendem Rosa zu einem blasseren Rosa. Immer wieder mit einem Kochlöffel umrühren.

SCHRITT 5

Die Hitze herunterdrehen, die Zwiebel dazugeben und 10 Minuten ganz sanft anbraten, dabei gelegentlich umrühren. Die Zwiebel soll richtig weich werden.

SCHRITT 6

Die Tomaten aus der Dose und die Chilischote dazugeben. Den Deckel auf den Topf setzen und 40 Minuten bei schwacher Hitze köcheln lassen. Alle 10 Minuten den Deckel abnehmen und umrühren. Wenn die Sauce am Topfboden anzusetzen beginnt, etwas Wasser unterrühren. Durch das lange Kochen wird die Sauce dick und dunkelrot.

SCHRITT 7

Etwa 15 Minuten, bevor die Sauce fertig ist, einen großen Topf Wasser zum Kochen bringen und die Spaghetti darin kochen (siehe Seite 73). Bitte einen Erwachsenen, dir beim Abgießen der Nudeln zu helfen, und fülle sie danach wieder in den Topf.

SCHRITT 8

Die Sauce mit frisch gemahlenem Pfeffer abschmecken, dann die Sauce mit der Kelle über die Nudeln schöpfen und alles vermischen. Sofort servieren.

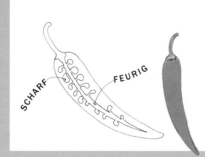

SCHARF FEURIG

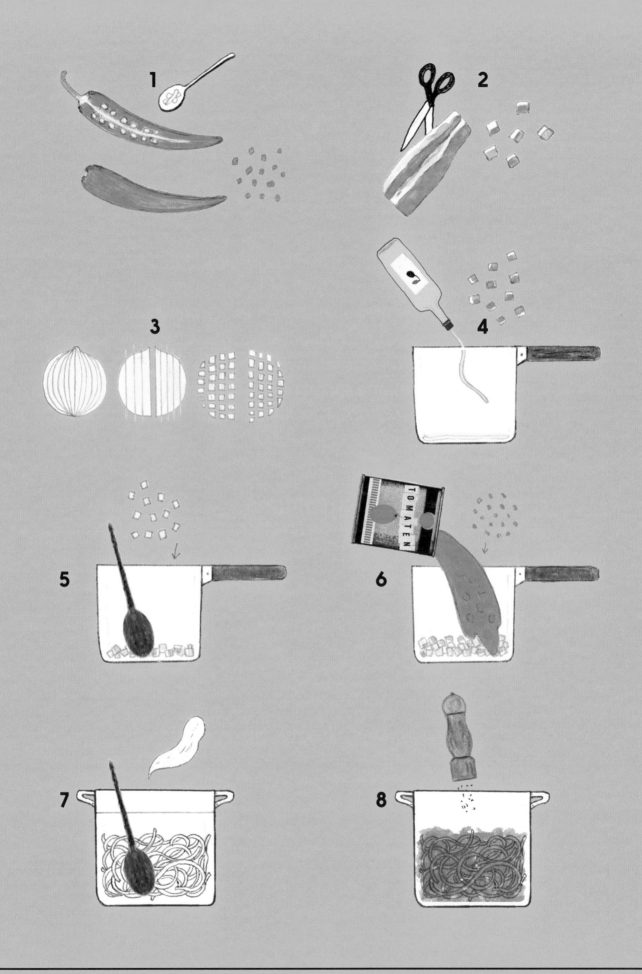

LINGUINE MIT PESTO

Pesto ist eine grüne Sauce aus Norditalien. Die Italiener essen es zu Linguine oder Trofie (kleine Nudeln, die wie verdrehte Seilstücke aussehen), aber es schmeckt auch gut zu gedämpften grünen Bohnen oder frischen Gnocchi (siehe Seite 116–119). Traditionell wird Pesto hergestellt, indem man die Zutaten im Mörser zerstampft. Wenn du keinen Mörser hast, kannst du dir vielleicht einen leihen oder das Pesto in der Küchenmaschine herstellen.

REICHT FÜR	ZUBEREITUNGSZEIT	KOCHZEIT
4 Personen	20 Minuten	8–10 Minuten

40 g Parmesan oder je 20 g Parmesan und Pecorino

—

½ Knoblauchzehe

—

1 Prise Salz

—

etwa 40 g Pinienkerne

—

etwa 25 frische Basilikumblätter

—

3–4 Esslöffel natives Olivenöl extra

—

400 g Linguine

—

frisch gemahlener schwarzer Pfeffer

LINGUINE MIT PESTO

SCHRITT 1

Den Käse fein reiben (siehe Seite 14–15). Den Knoblauch mit einer kleinen Prise Salz (erleichtert das Zerstampfen) in einen Mörser oder eine Küchenmaschine geben und zu einer weichen Paste zerstoßen oder zerkleinern.

SCHRITT 2

Die Pinienkerne dazugeben und zu kleinen Stücken stampfen. In der Küchenmaschine dauert es nur Sekunden, bis die Kerne fein zerkleinert sind, aber wenn du sie im Mörser stampfst, solltest du dich mit Freunden oder Familienmitgliedern abwechseln, bis alles zerdrückt ist, damit dir der Arm nicht so schnell wehtut!

SCHRITT 3

Die Basilikumblätter dazugeben und weiterstampfen, bis sie ganz klein sind. Das muss schnell passieren, damit die Sauce hellgrün bleibt, denn je länger du stampfst, desto dunkler werden die Blätter. Wenn du mit der Küchenmaschine arbeitest, das Basilikum mit der Intervallschaltung in kurzen Stößen zerkleinern.

SCHRITT 4

Die Masse in eine Schüssel löffeln, den Käse dazugeben und alles mischen. Dann nach und nach das Öl dazugießen, bis die Sauce so dünnflüssig ist, dass sie vom Löffel tropft.

SCHRITT 5

Einen großen Topf Wasser zum Kochen bringen und die Linguine darin kochen (siehe Seite 73). Bitte einen Erwachsenen, dir beim Abgießen der Linguine zu helfen, und fülle sie danach wieder in den Topf. Das Pesto dazugeben und vorsichtig umrühren, um die Nudeln mit dem Pesto zu vermischen. Mit frisch gemahlenem schwarzem Pfeffer würzen und sofort genießen.

wenig stampfen

mehr stampfen

noch mehr stampfen

NUDELAUFLAUF MIT PARMESAN

Wenn du einen Nudelauflauf zubereiten willst, musst du zuerst eine köstliche weiße Sauce herstellen, die Béchamelsauce (ausgesprochen: „be-scha-mel"). Dazu machst du zunächst eine Mehlschwitze aus Butter und Mehl. Die Béchamelsauce kannst du übrigens auch in vielen anderen Gerichten verwenden, zum Beispiel für Lasagne (siehe Seite 102–105). Wenn du der Sauce noch etwas Käse hinzufügst – wie in diesem Rezept –, schmeckt sie noch würziger.

REICHT FÜR	ZUBEREITUNGSZEIT	KOCHZEIT
4 Personen	25 Minuten	30 Minuten

FÜR DIE BÉCHAMELSAUCE:

50 g Butter

—

50 g Mehl

—

600 ml Vollmilch

—

frisch gemahlener schwarzer Pfeffer

FÜR DIE ÜBERBACKENEN NUDELN:

300 g Hörnchennudeln

—

30 g Parmesan

—

30 g Emmentaler

NUDELAUFLAUF

SCHRITT 1

Zunächst Parmesan und Emmentaler reiben, dabei die Finger weit weg von der Reibe halten (siehe Seite 14–15). Den Käse beiseitestellen.

SCHRITT 2

Nun die Sauce zubereiten. Dazu die Butter in einen kleinen Topf geben und bei schwacher Hitze schmelzen lassen. Dabei darauf achten, dass sie nicht zu heiß wird und bräunt, weil das Farbe und Geschmack der Sauce beeinträchtigt.

SCHRITT 3

Sobald die Butter flüssig ist, das Mehl dazugeben und die Mischung bei mittlerer Hitze 1 Minute braten. Dabei ständig mit dem Kochlöffel umrühren, bis eine glatte, glänzende Paste entsteht – die sogenannte Mehlschwitze.

SCHRITT 4

Den Topf vom Herd nehmen, etwa 4 Esslöffel Milch hinzufügen und umrühren, bis von der Milch nichts mehr zu sehen ist. Die Masse wird sehr dick, du musst sie daher immer weiter glatt rühren.

SCHRITT 5

Den Topf wieder auf schwache Hitze stellen, etwas mehr Milch dazugießen und wieder umrühren. Die Milch portionsweise dazugeben, bis nur noch die Hälfte davon übrig ist.

SCHRITT 6

Den Kochlöffel gegen einen Schneebesen tauschen und die restliche Milch dazugießen. Jetzt kannst du mehr Milch mit einem Mal dazugeben, dabei musst du aber ständig mit dem Schneebesen weiterrühren, damit sich keine Klümpchen bilden!

SCHRITT 7

Die Sauce bei schwacher Hitze 3 bis 4 Minuten unter ständigem Rühren ganz leicht kochen lassen. Dabei dickt sie weiter ein. Die Sauce ist fertig, wenn sie am Kochlöffelrücken hängen bleibt.

SCHRITT 8

Den Ofen auf 200 °C vorheizen. Einen großen Topf Wasser zum Kochen bringen und die Nudeln darin kochen (siehe Seite 73). Bitte einen Erwachsenen, dir beim Abgießen der Nudeln zu helfen, und fülle sie anschließend wieder in den leeren Topf.

SCHRITT 9

Parmesan und Emmentaler zur Béchamelsauce geben und das Ganze mit etwas frisch gemahlenem schwarzem Pfeffer würzen.

SCHRITT 10

Die Hälfte der Béchamelsauce über die Nudeln schöpfen und mit einem Kochlöffel alles vermengen.

SCHRITT 11

Die Nudeln in eine quadratische Auflaufform (Kantenlänge etwa 25 cm) oder in eine andere Auflaufform, die gerade da ist, löffeln. Die restliche Béchamelsauce über die Nudeln geben.

SCHRITT 12

Die Auflaufform auf ein Backblech stellen. Mit den Ofenhandschuhen in den Ofen schieben und 20 Minuten backen, bis der Auflauf goldbraun ist und blubbert. Mit Salat oder grünem Gemüse servieren.

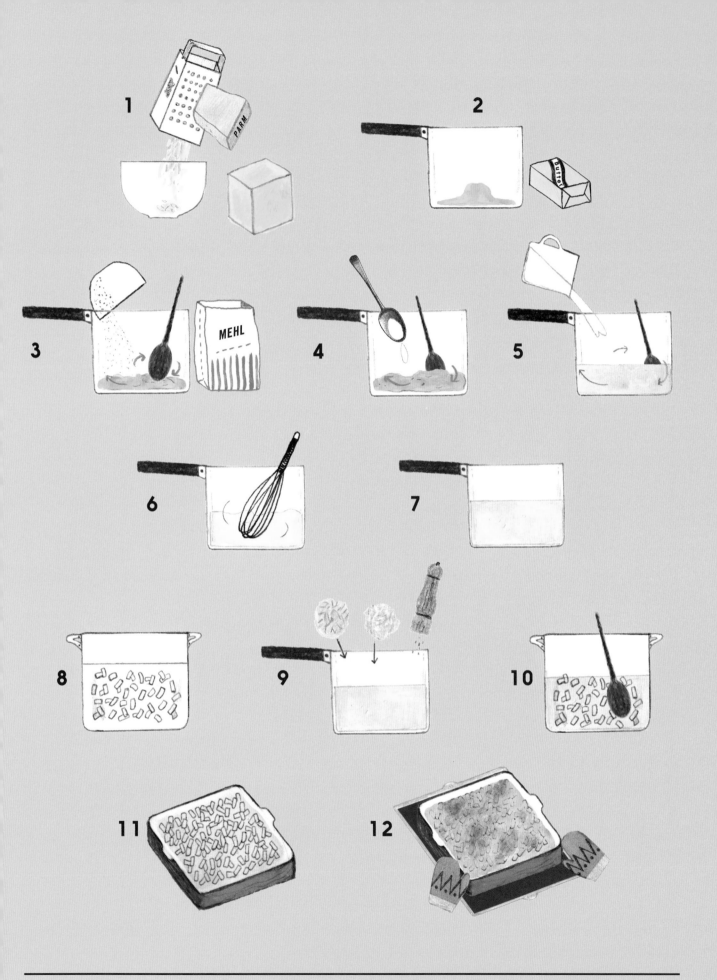

LASAGNE

Lasagne besteht aus mehreren Schichten Nudeln, Béchamelsauce und Fleischsauce. Die Lasagne, die italienische Kinder gern essen, ist anders als die, die du vielleicht kennst – in Italien muss ein Stück Lasagne wie ein Tortenstück auf dem Teller stehen bleiben. In diesem Rezept lernst du, wie man echte italienische Lasagne macht.

REICHT FÜR	ZUBEREITUNGSZEIT	KOCHZEIT
4 Personen	15 Minuten	1½ Stunden

FÜR DIE FLEISCHSAUCE:

1 Möhre

—

1 Zwiebel

—

1 Knoblauchzehe

—

2 Esslöffel Olivenöl

—

350 g Rinderhackfleisch

—

100 ml Wasser

—

500 g passierte Tomaten

1 Rezept Béchamelsauce
(siehe Seite 98–101)

—

etwa 12 Blatt Lasagne-Nudeln*

—

40 g Parmesan

*Du kannst den Teig frisch herstellen
(siehe Seite 74–77) oder fertige
Lasagneblätter kaufen.

LASAGNE

SCHRITT 1

Für die Fleischsauce zunächst die Möhre und die Zwiebel mit der Brücken- und der Klauentechnik (siehe Seite 12–13) sehr klein schneiden und den Knoblauch durch eine Knoblauchpresse (siehe Seite 10–11) drücken.

SCHRITT 2

Öl, Möhre, Zwiebel und Knoblauch in einen Topf geben und bei schwacher Hitze etwa 10 Minuten kochen, bis alles ganz weich ist. Dabei gelegentlich umrühren.

SCHRITT 3

Das Gemüse an den Topfrand schieben und das Hackfleisch hineingeben. Darauf achten, dass es den Topfboden bedeckt. Etwa 3 bis 4 Minuten anbraten, bis es schön gebräunt ist. Alles verrühren und weitere 3 bis 4 Minuten braten. Dabei ab und zu umrühren, damit Fleisch und Gemüse gleichmäßig gar werden.

SCHRITT 4

Wasser und passierte Tomaten dazugeben und 30 Minuten sanft köcheln lassen (die Mischung blubbert dabei nur ganz leicht). Du kannst auch einen frischen Rosmarin- oder Salbeizweig oder ein Lorbeerblatt hinzufügen, dann bekommt die Sauce mehr Aroma. Die Béchamelsauce zubereiten und den Parmesan reiben (siehe Seite 14–15).

SCHRITT 5

Den Ofen auf 180 °C vorheizen. Du brauchst eine ofenfeste Auflaufform von etwa 25 x 20 cm Kantenlänge. Etwas Fleischsauce auf dem Boden der Form verteilen, dann etwas Béchamelsauce gleichmäßig darübergießen.Die Saucenschichten sollten ziemlich dünn sein, etwa wie eine Schicht Marmelade auf einem Toast. Anschließend eine Schicht Nudelplatten auf die Sauce legen. Fleischsauce, Béchamelsauce und Nudeln immer weiter aufschichten.

SCHRITT 6

Bei einer Auflaufform dieser Größe sollte die Lasagne zum Schluss 4 Nudelschichten haben. Mit einer Schicht Nudeln abschließen und noch eine Schicht Béchamelsauce darauf verteilen. Die Lasagne mit etwas geriebenem Parmesan bestreuen.

SCHRITT 7

Die Auflaufform auf ein Backblech stellen und mit Ofenhandschuhen in den Ofen schieben. 35 Minuten backen, bis die Lasagne goldbraun ist und blubbert. Mit Salat servieren.

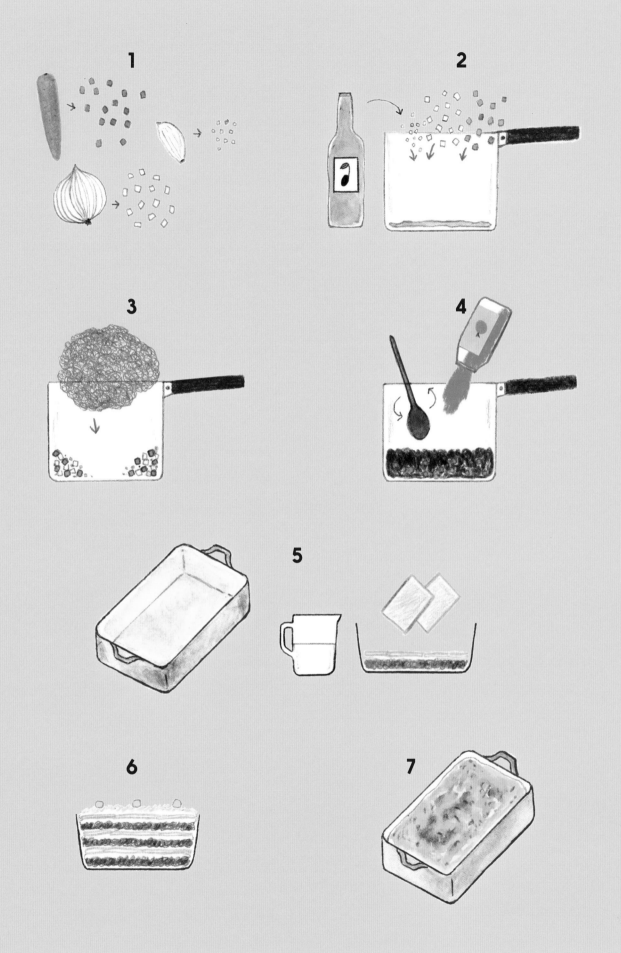

RIGATONI MIT FLEISCHKLÖSSCHEN

Beim Herstellen von Fleischklößchen kann man prima Bruchrechnen üben: In diesem Rezept musst du die Fleischmasse nämlich in acht gleich große Teile teilen. Achte darauf, dass die Fleischklößchen ungefähr gleich groß sind, damit sie gleichmäßig gar werden. Rigatoni sind dicke Röhrennudeln mit Rillen außen. Das Gericht schmeckt aber ebenso gut mit Penne oder anderen kurzen Nudelsorten.

REICHT FÜR	ZUBEREITUNGSZEIT	KOCHZEIT
4 Personen	30 Minuten	1¼ Stunden

1 Handvoll frische glatte
Petersilie

—

Knoblauchzehe

—

400 g Rinderhackfleisch
oder je 200 g Schweine- und
Rinderhackfleisch

—

frisch gemahlener schwarzer
Pfeffer

—

1 Bio-Ei

—

1 Handvoll Mehl zum Bestäuben

—

1 Zwiebel

1 Selleriestange

—

1 Möhre

—

2 Esslöffel Olivenöl

—

1 kleiner Zweig frischer
Rosmarin

—

500 ml passierte Tomaten

—

400 g Rigatoni

—

25 g Parmesan

RIGATONI MIT FLEISCHKLÖSSCHEN

SCHRITT 1

Mit der Schere (siehe Seite 10–11) die Petersilienblätter klein schneiden. Den Knoblauch zerdrücken (siehe Seite 10–11). Das Hackfleisch in eine große Schüssel geben, Petersilie und Knoblauch dazugeben und mit etwas Pfeffer würzen.

SCHRITT 2

Das Ei in eine kleine Schüssel schlagen (siehe Seite 14–15) und zum Fleisch geben.

SCHRITT 3

Mit den Händen alles vermengen. Du kannst dazu auch eine Gabel nehmen, aber mit den Händen macht es viel mehr Spaß!

SCHRITT 4

Die Masse erst halbieren, dann vierteln und dann achteln.

SCHRITT 5

Die Hände mit etwas Wasser anfeuchten und aus der Hackfleischmasse 8 Kugeln rollen.

SCHRITT 6

Das Mehl auf einen Teller streuen und die Fleischklößchen einzeln darin wenden. Die Klößchen auf einen Teller legen und in den Kühlschrank stellen.

SCHRITT 7

Mit der Brücken- und der Klauentechnik (siehe Seite 12–13) Zwiebel, Sellerie und Möhre klein schneiden.

SCHRITT 8

Das Öl in eine Pfanne mit dickem Boden geben, Zwiebel, Möhre und Sellerie hinzufügen und bei schwacher Hitze 10 Minuten anbraten. Dabei gelegentlich mit einem Kochlöffel umrühren.

SCHRITT 9

Die Gemüsemischung an den Pfannenrand schieben, die Fleischklößchen in die Pfanne geben und 5 Minuten braten, ohne sie zu bewegen.

SCHRITT 10

Die Fleischklößchen vorsichtig wenden, damit sie von allen Seiten anbräunen. Dabei darauf achten, dass sie nicht auseinanderfallen. Rosmarin und passierte Tomaten dazugeben und bei schwacher Hitze etwa 30 Minuten weitergaren, bis die Fleischklößchen gar sind.

SCHRITT 11

Einen großen Topf Wasser zum Kochen bringen und die Rigatoni kochen. Eine Anweisung zum Nudelkochen findest du auf Seite 39.

SCHRITT 12

Die Nudeln auf die Essschüsseln verteilen und die Fleischklößchen mit der Kelle darüberschöpfen. Den Rosmarinzweig vorher wegwerfen. Den Parmesan reiben (siehe Seite 14–15) und über die Nudeln streuen.

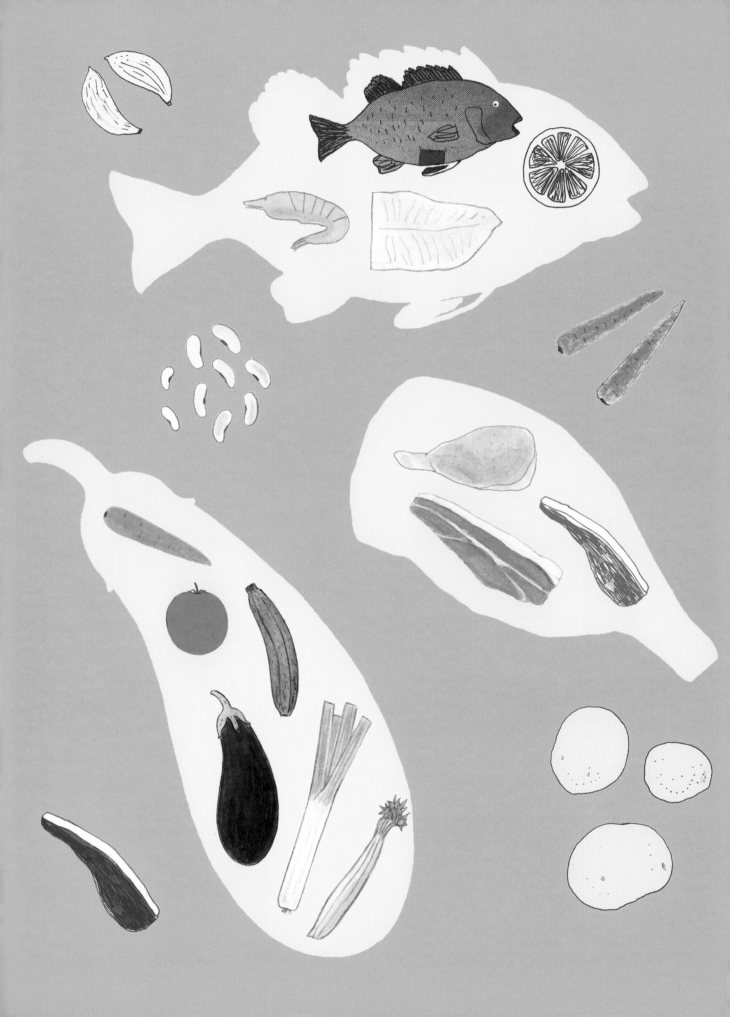

HAUPTGERICHTE

RISOTTO

Risotto stammt aus Norditalien und wird aus Reis und Brühe (Flüssigkeit mit dem Aroma von Gemüse oder Huhn) gekocht. Wichtigste Zutat ist erstklassiger Risotto-Reis, am besten sind die Sorten Carnaroli oder Vialone Nano. Beide erhält man in guten Feinkostgeschäften. Nach dem Kochen ist dieser Reis gleichzeitig fest und cremig-weich. Das kann man sich schwer vorstellen, aber wenn dir einmal ein guter Risotto gelungen ist, verstehst du, wie es gemeint ist.

Sobald du das Grundrezept beherrschst, kannst du Gemüse oder Fleisch dazugeben. In Mailand gibt man Safran dazu, daher ist der Risotto dort goldgelb.

REICHT FÜR	ZUBEREITUNGSZEIT	KOCHZEIT
4 Personen	10 Minuten	40 Minuten

40–50 g Parmesan

—

1,2–1,4 Liter Gemüse- oder Hühnerbrühe (frisch zubereitet oder Brühe aus gutem Instantpulver)

—

1 Zwiebel

—

40 g Butter

—

1 Esslöffel Olivenöl

—

350 g Risotto-Reis

—

½ Teelöffel Safranfäden

RISOTTO

SCHRITT 1

Den Parmesan vorsichtig reiben (siehe Seite 14–15) und beiseite-stellen. Die Brühe in einen Topf gießen und zum Sieden bringen. Der Siedepunkt ist erreicht, wenn sie ganz sanft blubbert. Eine Kelle für später neben den Topf legen.

SCHRITT 2

Mit der Brücken- und der Klauentechnik (siehe Seite 12–13) die Zwiebel klein schneiden. Die Hälfte der Butter mit dem Öl in einem Topf mit dickem Boden schmelzen (die Butter sorgt für das Aroma, und das Öl verhindert das Anbrennen). Die Zwiebel dazugeben und 10 Minuten sanft anbraten, bis sie ganz weich ist. Dabei ab und zu mit einem Kochlöffel umrühren. Diese Phase wird in Italien *soffritto* genannt und bildet die Grundlage des Risottos. Wenn du Risotto mit weiteren Zutaten kochst, etwa mit Knoblauch, Pilzen oder Wurst, würdest du sie jetzt dazugeben.

SCHRITT 3

In der nächsten Phase – man nennt sie in Italien *tostatura* – wird der Reis geröstet. Dazu den Reis in den Topf geben und gründlich mit der Zwiebel-Butter-Mischung verrühren.

SCHRITT 4

Vorsichtig einige Kellen Brühe und die Safranfäden dazugeben und langsam umrühren, bis die Flüssigkeit vom Reis aufgesogen wurde. Dann erneut einige Kellen heiße Brühe dazugeben und unter ständigem Rühren weiterkochen, bis sie aufgesogen ist.

SCHRITT 5

Auf diese Weise immer mehr Brühe dazugeben, bis sie auf-gebraucht ist – immer erst dann mehr Brühe auf den Risotto schöpfen, wenn die Flüssigkeit im Topf aufgesogen wurde. Es dauert 18 bis 20 Minuten, bis der Reis gar ist und die gesamte Brühe aufgenommen hat. Mit einem Teelöffel probieren, ob der Reis gar ist – er sollte weich sein, aber noch etwas „Biss" haben und außerdem leicht cremig schmecken.

SCHRITT 6

Die Hitze herunterdrehen und die restliche Butter und den geriebenen Parmesan unter den Risotto rühren – diese Phase heißt *mantecatura* und verleiht dem Risotto seine herrliche Beschaffenheit. Sofort servieren.

1

2

soffritto

3

tostatura

4

5

BISS!

weich und
cremig

6

mantecatura

KARTOFFEL-GNOCCHI

Gnocchi (ausgesprochen „njocki") sind kleine Klößchen, die aus Kartoffeln, Weizenmehl oder Maismehl hergestellt werden können. Sie lassen sich ganz einfach herstellen, und das Formen macht großen Spaß! Gnocchi können mit verschiedenen Saucen gegessen werden, zum Beispiel mit dem Pesto von Seite 50 und der Tomatensauce von Seite 46.

REICHT FÜR	ZUBEREITUNGSZEIT	KOCHZEIT
4 Personen	30 Minuten	30 Minuten

1 kg Kartoffeln

—

1 großes Bio-Ei

—

250 g Mehl

KARTOFFEL-GNOCCHI

SCHRITT 1

Die Kartoffeln mit einem Sparschäler schälen (siehe Seite 14–15).

SCHRITT 2

Mit der Brückentechnik (siehe Seite 12–13) jede Kartoffel halbieren. Dann die Hälften auf ein Brett legen und nochmals halbieren. Die Kartoffelstücke in ein Sieb legen.

SCHRITT 3

Einen Topf zur Hälfte mit Wasser füllen und das Sieb darüberstellen. Einen Deckel aufsetzen, das Wasser zum Kochen bringen und die Kartoffeln 20 Minuten dämpfen. Auf diese Weise nehmen sie nicht so viel Wasser auf.

SCHRITT 4

Den Herd ausschalten. Bitte einen Erwachsenen, dir beim Herunternehmen des Siebs vom Topf zu helfen. Um zu prüfen, ob die Kartoffeln gar sind, einen Spieß oder eine Gabel hineinstechen. Der Spieß oder die Gabel sollte mühelos durch die Kartoffel gleiten.

SCHRITT 5

Die Kartoffeln in eine Schüssel umfüllen und mit einem Kartoffelstampfer zu einem glatten Püree verarbeiten.

SCHRITT 6

Das Kartoffelpüree abkühlen lassen. Das Ei in eine Schüssel schlagen (siehe Seite 14–15). Mehl und Ei zum Püree geben und unterrühren. Dann die Masse mit den Händen zu einem Teig verkneten.

SCHRITT 7

Etwas Mehl auf die Arbeitsfläche streuen, den Teig darauflegen und zu einem großen Quadrat formen. Es sollte etwa 1,5 cm dick sein. Mit einem Tafelmesser das Quadrat halbieren. Jede Teighälfte in dünne Streifen schneiden (etwa 1,5 cm breit).

SCHRITT 8

Jeden Streifen mit den Händen zu einer langen, dünnen Wurst rollen. Dann die Rollen in etwa 2 cm lange Stücke schneiden. Es ist nicht schlimm, wenn die Teigstücke nicht alle gleich aussehen, aber sie sollten eine ähnliche Größe haben.

SCHRITT 9

In Italien haben Gnocchi traditionell ein Muster. Das kannst du herstellen, indem du die Gnocchi einzeln gegen die Zinken einer Gabel drückst, aber es muss nicht unbedingt sein. Einen großen Teller mit Mehl bestreuen und die Gnocchi darauf verteilen.

SCHRITT 10

Eine Servierschüssel im Ofen bei schwacher Hitze erwärmen, damit du die fertigen Gnocchi später warm stellen kannst. Bitte einen Erwachsenen, mit dir zusammen einen großen Topf Wasser zum Kochen zu bringen, gib etwa 8 Gnocchi hinein und warte, bis sie an die Oberfläche steigen, dann sind sie gar.

SCHRITT 11

Die Gnocchi mit einem Schaumlöffel aus dem Topf heben und in die vorgewärmte Servierschüssel füllen. Die restlichen Gnocchi nach und nach kochen. Zum Schluss die Sauce mit der Kelle darüberschöpfen – guten Appetit!

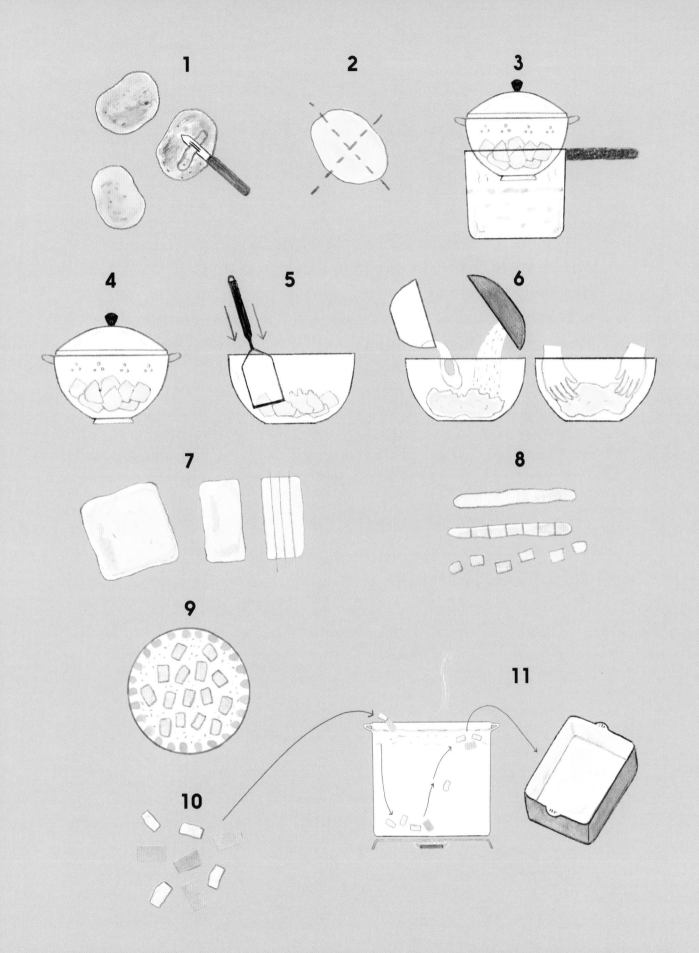

POLENTA-TALER

Polenta ist eine Art grobes Maismehl. Wenn man sie mit Wasser kocht, wird sie zu einem dicken gelben Brei. Während des Kochens muss die Polenta ständig gerührt werden. Beim Abkühlen wird sie fest und lässt sich danach in verschiedene Formen schneiden. In Italien isst man sie oft mit geschmolzener Butter und Käse – köstlich!

REICHT FÜR	ZUBEREITUNGSZEIT	KOCHZEIT
4 Personen	10 Minuten	30 Minuten

etwas Olivenöl zum Bestreichen des Backblechs

—

350 g grobes Polenta-Mehl

—

20 g Butter

—

40 g Parmesan

POLENTA-TALER

SCHRITT 1

Du brauchst ein Backblech, das etwa 20 x 30 cm groß ist. Das Blech mit etwas Olivenöl einpinseln.

SCHRITT 2

Lies die Kochanleitung auf der Polenta-Packung. Die meisten Polenta-Mehle werden auf die gleiche Weise zubereitet, aber du solltest das immer erst überprüfen. Das Wasser nach den Angaben auf der Packung abmessen, in einen großen Topf gießen und zum Kochen bringen.

SCHRITT 3

Das Polenta-Mehl ganz vorsichtig in den Topf schütten – eventuell muss dir ein Erwachsener dabei helfen. Beim Hineinschütten das Mehl mit einem Kochlöffel ins Wasser rühren, damit keine Klumpen entstehen.

SCHRITT 4

Die Hitze herunterdrehen und sanft weiterkochen. Dabei die ganze Zeit weiterrühren, bis die Polenta dick und glatt ist. Das dauert etwa 3 Minuten oder so lange, wie auf der Packung angegeben ist.

SCHRITT 5

Die Polenta-Masse vorsichtig auf dem Backblech verteilen. Am besten geht das mit einer Suppenkelle. Die Polenta gleichmäßig verstreichen und stehen lassen, bis sie abgekühlt und fest ist.

SCHRITT 6

Wenn die Polenta kalt ist, mit einem Glas die Taler ausstechen. Zwischendurch den Glasrand immer wieder in Wasser tauchen, damit die Polenta nicht daran kleben bleibt. Du kannst auch einen runden Plätzchenausstecher (etwa 6 cm Durchmesser) nehmen. Beginne am oberen Rand, damit du möglichst viele Taler herausbekommst.

SCHRITT 7

Den Ofen auf 180 °C vorheizen. Etwas Olivenöl auf ein breites Backblech pinseln. Die Polenta-Taler in einem Kreis auf das Blech legen. Auf den Kreis einen kleineren Kreis aus Polenta-Talern legen und immer so fortfahren, bis eine flache Pyramide entstanden ist. Du kannst eine große Pyramide bauen oder zwei kleine.

SCHRITT 8

Den Parmesan reiben (siehe Seite 14–15), dabei die Finger immer von der Reibe weg halten. Den Parmesan über die Taler streuen und diese mit Butterflöckchen belegen. Das Blech mit Ofenhandschuhen in den Ofen schieben und 20 Minuten backen, bis die Polenta goldbraun ist. Mit gekochtem grünem Gemüse wie Bohnen oder Brokkoli servieren.

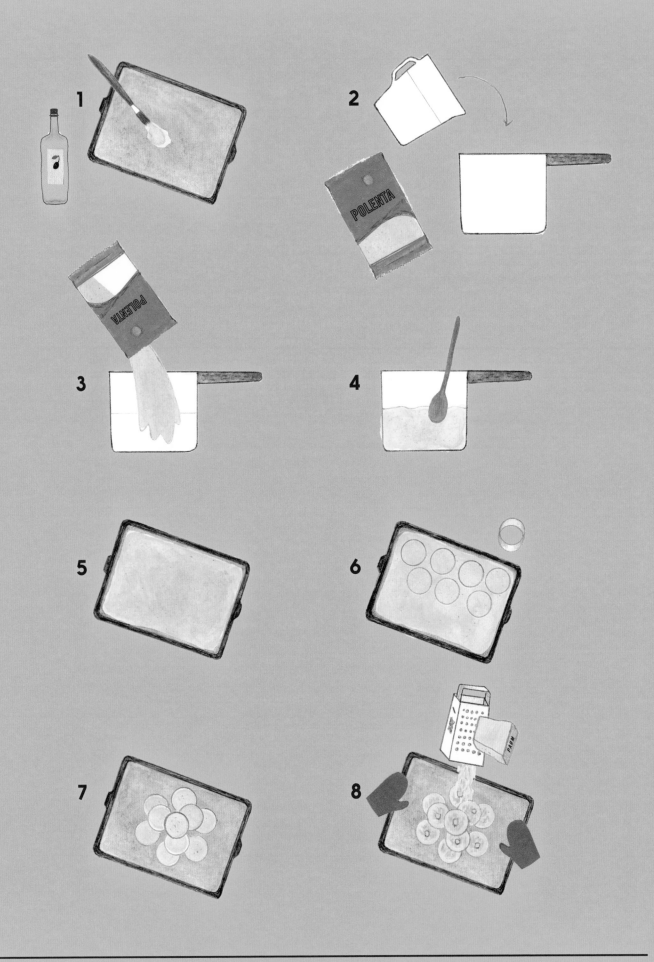

AUBERGINEN-TOMATEN-AUFLAUF

Auberginen sind sehr lecker, wenn sie mit Tomaten und Käse im Ofen gebacken werden. Dieses Gericht schmeckt gut als Hauptspeise mit Brot und Salat oder als Beilage zu einem Fleischgericht wie Brathähnchen oder Lamm.

REICHT FÜR	ZUBEREITUNGSZEIT	KOCHZEIT
4 Personen	25 Minuten	1 Stunde

2 Auberginen

—

3 Esslöffel Olivenöl

—

2 Zwiebeln

—

2 Knoblauchzehen

—

1 Dose (400 g) gehackte Tomaten

—

1 Stängel glatte Petersilie

—

80 g Emmentaler

—

50 g Paniermehl

—

kleines Stück Butter

AUBERGINEN-TOMATEN-AUFLAUF

SCHRITT 1

Den Ofen auf 200 °C vorheizen. Mit der Klauentechnik (siehe Seite 12–13) die Auberginen in Scheiben schneiden. Die Scheiben sollten etwa 5 mm dick sein oder etwas dicker, wenn das für dich einfacher zu schneiden ist.

SCHRITT 2

Ein Backblech mit einem Esslöffel Olivenöl einpinseln und die Auberginenscheiben darauf verteilen. Sie dürfen sich nicht überlappen! Die Scheiben mit einem weiteren Esslöffel Öl bepinseln. Das Blech mit Ofenhandschuhen in den Ofen schieben und die Auberginen 20 Minuten backen, bis sie weich und leicht goldbraun sind.

SCHRITT 3

Inzwischen mit der Brücken- und der Klauentechnik (siehe Seite 12–13) die Zwiebeln klein schneiden. Den Knoblauch durch eine Knoblauchpresse drücken (siehe Seite 10–11). Das restliche Olivenöl mit Zwiebeln und Knoblauch in einen Topf geben und bei schwacher Hitze 5 Minuten anbraten, gelegentlich umrühren.

SCHRITT 4

Die gehackten Tomaten in den Topf geben. Mit der Schere (siehe Seite 10–11) die Petersilie klein schneiden und in den Topf geben. Etwa 15 Minuten sanft köcheln lassen, bis die Sauce etwas eingedickt ist.

SCHRITT 5

Den Boden einer Auflaufform mit Auberginenscheiben belegen, die Hälfte der Tomatensauce mit der Kelle oder dem Löffel darauf verteilen. Eine zweite Schicht Auberginenscheiben darauflegen und mit einer zweiten Schicht Sauce abschließen.

SCHRITT 6

Den Käse vorsichtig in eine kleine Schüssel reiben, dabei die Finger immer von der Reibe weg halten (siehe Seite 14–15). Das Paniermehl dazugeben, alles vermischen und über den Auflauf streuen.

SCHRITT 7

Die Auflaufform auf ein Backblech stellen und den Auflauf mit Butterflöckchen belegen. Dann das Blech mit Ofenhandschuhen in den Ofen schieben und den Auflauf 20 Minuten backen, bis er goldbraun ist. Heiß servieren.

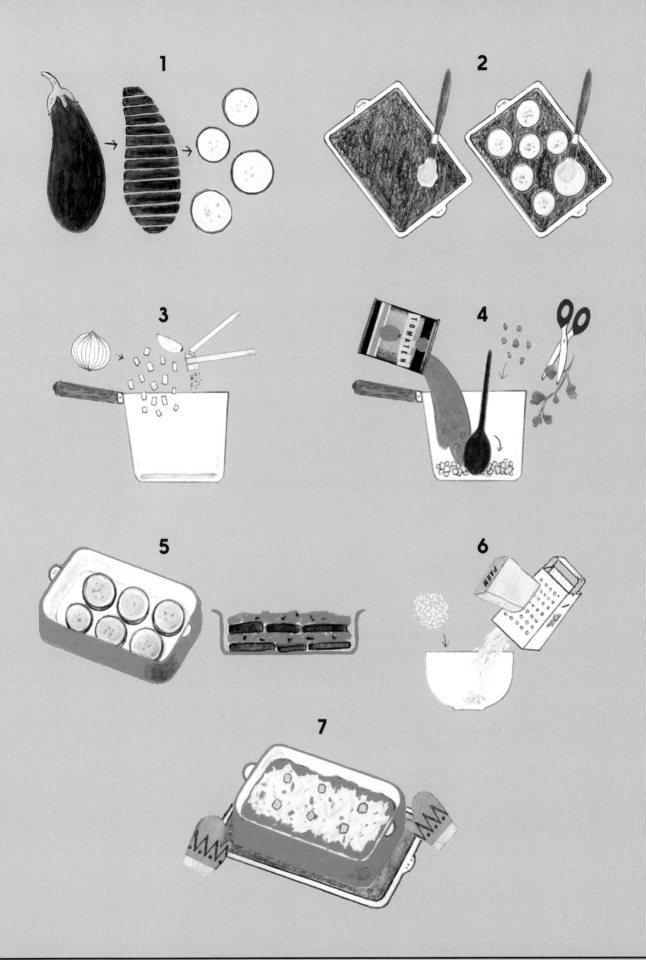

WÜRSTCHEN MIT BOHNEN

Würstchen und Bohnen sind ein klassisches Gericht – einfach und köstlich. In diesem Rezept gießt du etwas Apfelsaft zu den Bohnen. Das klingt vielleicht komisch, aber das ergibt eine richtig leckere süße Sauce für die Bohnen!

REICHT FÜR	ZUBEREITUNGSZEIT	KOCHZEIT
4 Personen	5 Minuten	40 Minuten

8–12 Schweinswürstchen (je nach Appetit!)

—

2 Knoblauchzehen

—

2 Teelöffel Olivenöl

—

2 frische Salbeiblätter

—

1 Dose (400 g) Cannellini-Bohnen, abgespült und abgetropft

—

100 ml Apfelsaft

—

frisch gemahlener schwarzer Pfeffer

WÜRSTCHEN MIT BOHNEN

SCHRITT 1

Den Ofen auf 190 °C vorheizen. Die Würstchen mehrmals mit einer Gabel einstechen und in eine Auflaufform mit dickem Boden legen. Die unzerkleinerten Knoblauchzehen mit Schale und das Olivenöl dazugeben. Die Auflaufform mit Ofenhandschuhen für 20 Minuten in den Ofen schieben. Die Würstchen garen in der Auflaufform und werden dabei schön braun – so bekommen die Bohnen und die Bratensauce nachher eine hübsche Farbe.

SCHRITT 2

Ofenhandschuhe anziehen und die Auflaufform aus dem Ofen nehmen. Mit einer Küchenzange oder mit einem Messer und einer Gabel die Würstchen vorsichtig wenden. So werden sie auch von der anderen Seite braun, wenn du sie später wieder in den Ofen schiebst.

SCHRITT 3

Das Fett, das sich möglicherweise am Boden der Auflaufform gesammelt hat, ganz vorsichtig mit einem Löffel herausschöpfen. Den Salbei grob zerpflücken und mit den Bohnen zu den Würstchen geben. Den Apfelsaft dazugießen und alles umrühren.

SCHRITT 4

Die Auflaufform mit Ofenhandschuhen für weitere 20 Minuten in den Ofen schieben, bis die Bohnen heiß und etwas weich sind. Alles vorsichtig mit einem Kochlöffel umrühren und etwas frisch gemahlenen schwarzen Pfeffer zufügen. Mit gekochtem grünem Gemüse servieren. Wenn du möchtest, kannst du die Würstchen mit Bohnen vor dem Servieren in eine hübsche Schüssel umfüllen, es muss aber nicht unbedingt sein!

FISCH AUS DEM OFEN

Dieses Gericht sieht gut aus und schmeckt toll: buntes Gemüse, darauf weißer Fisch in einem Mantel aus rosa Pancetta. Außer Kabeljau kannst du auch anderen festen weißen Fisch verwenden, zum Beispiel Seehecht, Knurrhahn oder Schellfisch.

REICHT FÜR	ZUBEREITUNGSZEIT	KOCHZEIT
4 Personen	20 Minuten	40 Minuten

1 kleine oder ½ große Stange Lauch

—

2 Möhren

—

1 Dose (200 g) gehackte Tomaten

—

20 g Butter

—

1 Esslöffel Olivenöl

—

4 Kabeljaufilets oder Filets von anderem
weißen Fisch, enthäutet

—

1 Zitrone

—

8 Scheiben Pancetta

FISCH AUS DEM OFEN

SCHRITT 1

Den Ofen auf 190 °C vorheizen. Den Lauch waschen und mit der Brückentechnik (siehe Seite 12–13) Wurzeln und dunkelgrüne Blätter abschneiden. Mit der Klauentechnik (siehe Seite 12–13) die Lauchstange in möglichst dünne Scheiben schneiden.

SCHRITT 2

Die Möhren schälen. Mit der Brückentechnik jeweils das obere und das untere Ende abschneiden, dann die Möhren erst quer, dann längs halbieren. Jedes Viertel mit der flachen Seite auf ein Schneidbrett legen und mit der Klauentechnik in dünne Scheiben schneiden.

SCHRITT 3

Lauch, Möhren und Tomaten in eine Auflaufform mit dickem Boden geben, mit Butterflöckchen belegen und mit dem Öl beträufeln. Die Form mit Ofenhandschuhen in den Ofen schieben und das Gemüse 20 Minuten rösten.

SCHRITT 4

Während das Gemüse im Ofen gart, die Fischfilets auf ein Schneidbrett legen und auf Gräten untersuchen. Dazu aufmerksam mit den Fingern über die Fischstücke fahren. Wenn du eine Gräte spürst, ziehst du sie mit einer Pinzette heraus.

SCHRITT 5

Mit der Brückentechnik die Zitrone halbieren. Den Saft über dem Fisch ausdrücken. Die Kerne beiseiteschieben und wegwerfen.

SCHRITT 6

2 Scheiben Pancetta auf dem Brett ausbreiten, ein Fischfilet darauflegen und den Schinken um den Fisch wickeln. Mit den anderen Filets dasselbe machen.

SCHRITT 7

Wenn das Gemüse 20 Minuten im Ofen war, die Auflaufform mit Ofenhandschuhen herausnehmen. Den Fisch vorsichtig auf das Gemüse legen. Die Pancetta-„Naht" muss dabei unten sein. Die Auflaufform mit Ofenhandschuhen wieder in den Ofen schieben und alles weitere 10 bis 15 Minuten backen. Anschließend ein Filet halbieren, um zu prüfen, ob es gar ist: Der Fisch muss weiß und undurchsichtig aussehen, nicht mehr leicht durchscheinend. Wenn er noch nicht ganz gar ist, noch 5 Minuten weiterbacken.

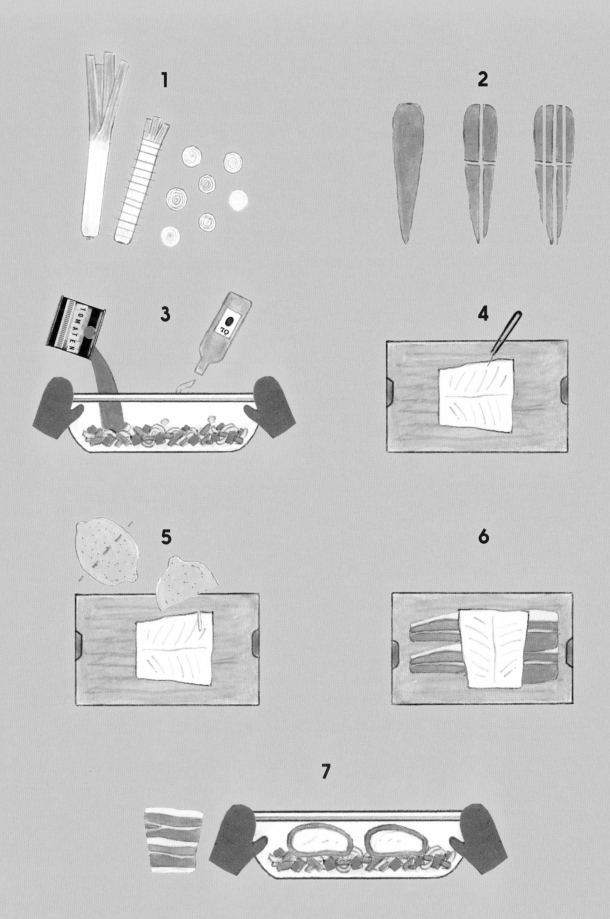

FISCHSPIESSE

Für dieses Rezept braucht man mehrere Sorten Fisch.
Am besten bittest du den Fischhändler um eine Mischung
aus frischem Fisch für Fischspieße. Beim Einkaufen wirst
du feststellen, dass rohe Garnelen grau sind – sie werden
erst beim Garen rosa! Garnelen in der Schale musst du erst
auslösen, bevor du sie auf die Spieße steckst. Die Spieße
lassen sich übrigens auch prima grillen.

ERGIBT	ZUBEREITUNGSZEIT	KOCHZEIT
8 Spieße	35 Minuten	15 Minuten

Du brauchst 8 Holzspieße

800 g frischer Fisch, zum
Beispiel Seelachs, Lachs,
Schellfisch, Kabeljau,
Buntbarsch, Knurrhahn und
Wittling
—
8 große rohe Garnelen, ausgelöst
—
1 Handvoll kleine Champignons
—
1 Handvoll Kirschtomaten
—
1 Handvoll Oliven, entsteint

FÜR DIE MARINADE:

1 Knoblauchzehe
—
½ Zitrone
—
2 Esslöffel Olivenöl
—
1 kleine Handvoll frische glatte
Petersilienblätter

FISCHSPIESSE

SCHRITT 1

Den Ofen auf 190 °C vorheizen. Die Fischstücke auf ein Schneidbrett legen, die Haut (falls vorhanden) abziehen und den Fisch auf Gräten untersuchen. Dazu aufmerksam mit den Fingern über die Fischstücke fahren. Wenn du eine Gräte spürst, ziehst du sie mit einer Pinzette heraus.

SCHRITT 2

Mit der Brückentechnik (siehe Seite 12–13) den Fisch in große Würfel von etwa 3 cm Kantenlänge schneiden. Wenn die Stücke zu klein sind, fallen sie schnell vom Spieß!

SCHRITT 3

Für die Marinade den Knoblauch schälen, zerdrücken und in eine Schüssel geben. Den Zitronensaft über dem Knoblauch ausdrücken. Das Öl zufügen und alles mischen. Mit der Schere die Petersilienblätter klein schneiden und in die Ölmischung geben. Alles mit einem Löffel verrühren. Auf Seite 7 steht genauer, wie man die einzelnen Schritte durchführt!

SCHRITT 4

Ein Stück Fisch zwischen Daumen und Zeigefinger nehmen und einen Spieß durch die Mitte stechen. Auf diese Weise immer mehr Fischstücke und dazwischen Garnelen, Pilze, Tomaten und Oliven auf den Spieß stecken. Kleiner Tipp: Denk dir eine besondere Reihenfolge für deinen eigenen Spieß aus. Wenn die Spieße aus dem Ofen kommen, weißt du dann sofort, welcher deiner ist!

SCHRITT 5

Die Spieße in eine große Auflaufform legen, die Marinade darübergießen und die Spieße vorsichtig darin wenden, bis alle Zutaten mit Marinade bedeckt sind. Etwa 20 Minuten in den Kühlschrank stellen.

SCHRITT 6

Die Ofenhandschuhe anziehen, die Spieße in den Ofen schieben und 10 Minuten backen. Die Auflaufform mit Ofenhandschuhen aus dem Ofen nehmen und die Spieße mit den Handschuhen oder einer Küchenzange wenden. Die Form wieder in den Ofen schieben und noch 5 Minuten backen, bis die Fischspieße gar sind. Sofort heiß servieren.

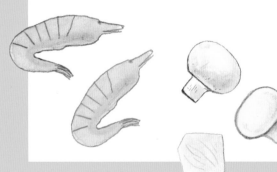

HÄHNCHEN MIT OLIVEN

Oliven wachsen auf Bäumen und sind entweder grün oder schwarz. Die grünen Oliven werden früher gepflückt, wenn sie noch jung sind, die schwarzen Oliven später, wenn sie reifer sind. Oft sind sie deswegen weicher und milder. Für dieses Rezept kannst du jedes Teil vom Hähnchen nehmen, zum Beispiel die Keule oder das Brustfilet. Zu dem einfachen, aber sehr leckeren Schmorgericht passen gut Polenta, Brot, Nudeln, Reis oder Kartoffeln.

REICHT FÜR	ZUBEREITUNGSZEIT	KOCHZEIT
4 Personen	15 Minuten	50 Minuten

4 große oder 8 kleine Teile vom Huhn,
zum Beispiel Keulen oder Brust

—

15 g Butter

—

1 Esslöffel Olivenöl

—

150 g schwarze Oliven

—

1 Dose (400 g) gehackte Tomaten

—

1 Teelöffel brauner Zucker

—

4 frische Basilikumblätter

—

1 Stängel frische Petersilie

HÄHNCHEN MIT OLIVEN

SCHRITT 1

Den Ofen auf 170 °C vorheizen. Die Haut von den Hähnchenteilen abziehen. Butter und Öl in einen ofenfesten Schmortopf mit dickem Boden geben und auf dem Herd erhitzen, bis die Butter geschmolzen ist. Die Hähnchenteile hineingeben und bei mittlerer Hitze 5 Minuten braten, ohne das Fleisch zu bewegen.

SCHRITT 2

Mit der Küchenzange die Hähnchenteile wenden – die Unterseite sollte jetzt schön goldbraun sein. Von der anderen Seite 3 Minuten braten, dann den Topf vom Herd nehmen.

SCHRITT 3

Mit einer Teigrolle eine Olive leicht andrücken, damit du sie öffnen und den Stein herausziehen kannst. Dasselbe mit den anderen Oliven machen.

SCHRITT 4

Die Dosentomaten über das Hähnchenfleisch gießen, die leere Dose mit Wasser füllen und mit den Oliven und dem Zucker in den Topf geben. Umrühren, den Deckel aufsetzen und den Topf mit Ofenhandschuhen für 40 Minuten in den Ofen schieben.

SCHRITT 5

Den Schmortopf mit Ofenhandschuhen aus dem Ofen nehmen. Das Basilikum zerpflücken und die Petersilie mit der Schere klein schneiden (siehe Seite 10–11). Die Kräuter über das geschmorte Hähnchen streuen und sofort servieren.

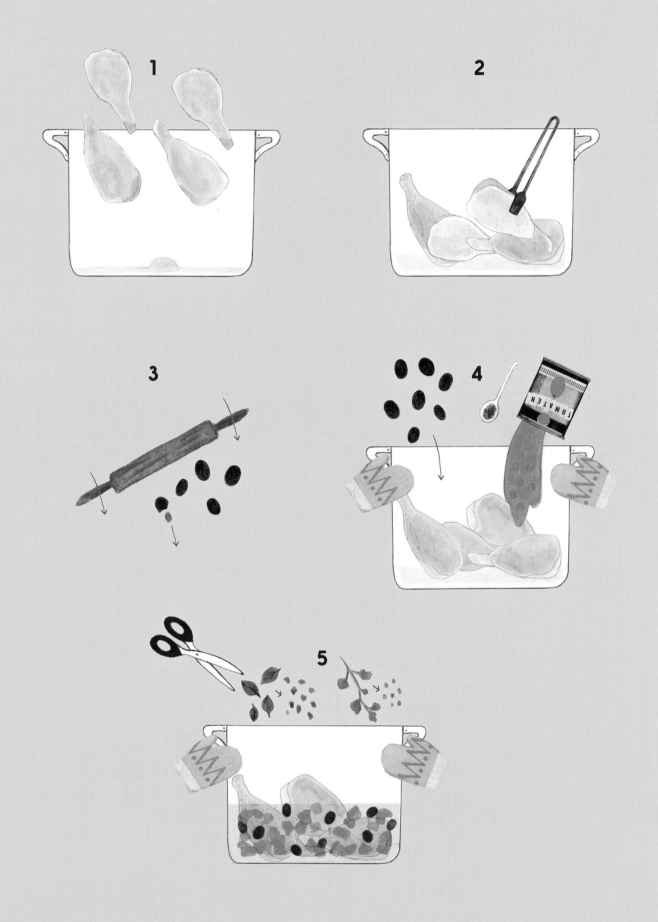

HÜHNERBRUST MIT MASCARPONEFÜLLUNG

Mascarpone ist ein kräftiger, sahniger Käse, der in herzhaften und in süßen Speisen verwendet werden kann. Als Beilagen passen zu dem Gericht frisches gedämpftes Gemüse wie Brokkoli oder grüne Bohnen und dazu Kartoffeln oder Reis.

REICHT FÜR	ZUBEREITUNGSZEIT	KOCHZEIT
4 Personen	30 Minuten	30 Minuten

125 g Pilze (beliebige Sorte)

—

1 Knoblauchzehe

—

1 Handvoll frische glatte Petersilienblätter

—

1 Teelöffel Olivenöl

—

20 g Butter

—

frisch gemahlener schwarzer Pfeffer

—

4 Hühnerbrüste ohne Knochen

—

100 g Mascarpone

—

4 Scheiben Prosciutto (siehe Seite 18) oder Parmaschinken

HÜHNERBRUST MIT MASCARPONEFÜLLUNG

SCHRITT 1

Den Ofen auf 200 °C vorheizen. Mit der Brückentechnik (siehe Seite 12–13) die Pilze halbieren und mit der Klauentechnik (siehe Seite 12–13) in möglichst dünne Scheiben schneiden.

SCHRITT 2

Die papierartige Schale von der Knoblauchzehe abziehen und den Knoblauch durch eine Knoblauchpresse drücken. Die Petersilienblätter mit der Schere klein schneiden (siehe Seite 10–11).

SCHRITT 3

Öl und Butter mit Knoblauch, Pilzen und Petersilie in einen kleinen Topf geben und auf schwacher Hitze 5 Minuten anbraten, bis die Pilze weich sind.

SCHRITT 4

Etwas frisch gemahlenen schwarzen Pfeffer dazugeben. Die Pilze in eine Schüssel füllen und stehen lassen, bis die Mischung vollkommen abgekühlt ist. Die rohen Hühnerbrüste dürfen nicht mit einer heißen Masse gefüllt werden!

SCHRITT 5

Bitte einen Erwachsenen, dir beim Einschneiden der Hühnerbrust zu helfen. Dazu ein Filet auf ein Schneidbrett legen, eine Hand flach darauflegen und das Fleisch ganz vorsichtig von einer Seite waagerecht aufschneiden, dabei aber auf der anderen Seite nicht ganz durchschneiden. Die beiden Filethälften auseinanderklappen wie ein Buch und mit einem Stück Frischhaltefolie abdecken. Mit einer Teigrolle die Hühnerbrust vorsichtig flach klopfen. So wird sie im Ofen schneller gar und bleibt saftig. Das Ganze mit den anderen Hühnerbrüsten wiederholen. Vergiss nicht, die Teigrolle nach dem Flachklopfen gründlich abzuwaschen!

SCHRITT 6

Den Mascarpone zu den abgekühlten Pilzen geben und alles vermischen. Auf jede Hühnerbrust die gleiche Menge Pilzfüllung in die Mitte der einen Hälfte löffeln und die andere Hälfte darüberklappen.

SCHRITT 7

Um jede Hühnerbrust eine Scheibe Prosciutto wickeln und die Fleischstücke mit der „Naht" nach unten auf ein Backblech legen.

SCHRITT 8

Das Blech mit Ofenhandschuhen in den Ofen schieben und die Hühnerbrüste 20 Minuten backen. Danach ein Stück Fleisch durchschneiden und prüfen, ob es durchgegart ist. Wenn es noch rosa ist, das Blech nochmals für 5 Minuten in den Ofen schieben, bis das Fleisch gar ist.

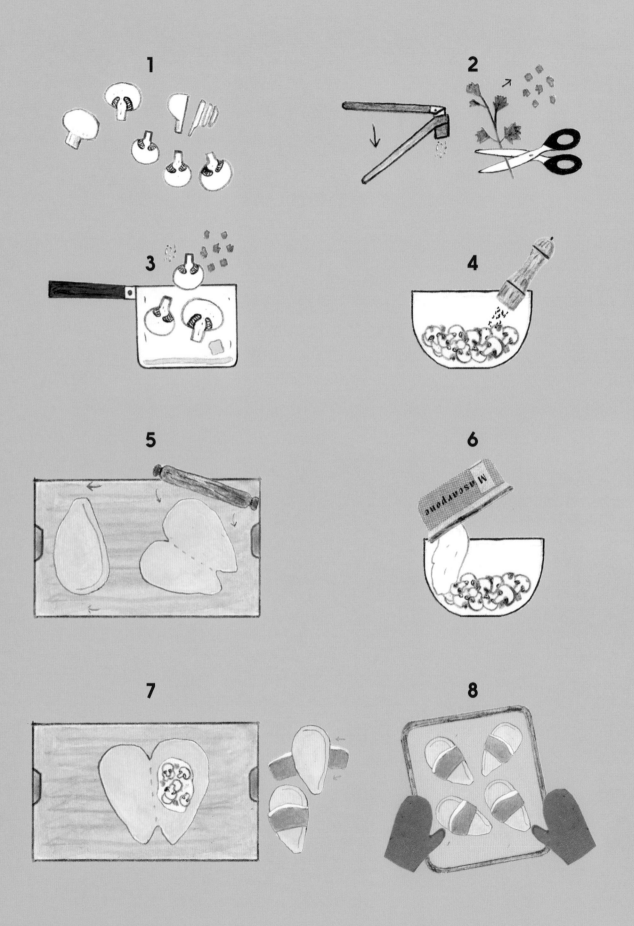

RINDFLEISCH-EINTOPF

Eintopf schmeckt nicht nur gut, sondern man braucht auch nur einen Topf dafür und hat hinterher weniger abzuwaschen! Sobald der Eintopf im Ofen ist, kannst du in aller Ruhe etwas anderes zubereiten. Zu diesem Eintopf passen gut Kartoffelbrei oder neue Kartoffeln mit Rosmarin (siehe Seite 152–155).

REICHT FÜR	ZUBEREITUNGSZEIT	KOCHZEIT
4 Personen	15 Minuten	2¼ Stunden

150 g Pancetta oder Frühstücksspeck

—

1 Zwiebel

—

1 Selleriestange

—

1 Möhre

—

1 Esslöffel Olivenöl

—

600 g mageres Rindergulasch

—

1 Dose (400 g) gehackte Tomaten

—

1 Teelöffel brauner Zucker

—

1 Rosmarinzweig

—

400 ml Gemüsebrühe (frisch zubereitet oder aus gutem Instantpulver)

—

frisch gemahlener schwarzer Pfeffer

RINDFLEISCH-EINTOPF

SCHRITT 1

Den Ofen auf 150 °C vorheizen. Wenn die Pancetta oder der Frühstücksspeck noch nicht gewürfelt ist, die Scheiben mit der Brückentechnik (siehe Seite 12–13) erst in dünne Streifen und dann in kleine Würfel schneiden.

SCHRITT 2

Mit der Brücken- und der Klauentechnik (siehe Seite 12–13) Zwiebel, Sellerie und Möhre klein schneiden.

SCHRITT 3

Das Öl in einen ofenfesten Schmortopf mit dickem Boden geben. Pancetta, Zwiebel, Sellerie und Möhre dazugeben und bei schwacher Hitze 10 Minuten sanft anbraten. Gelegentlich mit einem Kochlöffel umrühren.

SCHRITT 4

Das Gemüse an den Topfrand schieben, das Fleisch hineingeben und anbräunen – das dauert etwa 5 Minuten. Du kannst aber auch das Gemüse erst aus dem Topf auf einen Teller löffeln, dann das Fleisch im leeren Topf anbraten und anschließend das Gemüse wieder in den Topf füllen.

SCHRITT 5

Tomaten, Zucker und Rosmarin dazugeben. Die leere Tomatendose mit Brühe füllen und in den Topf gießen – so bekommst du den Tomatensaft vollständig aus der Dose. Die restliche Brühe in den Topf gießen.

SCHRITT 6

Alles mit einem Kochlöffel mischen. Den Topf mit Ofenhandschuhen in den Ofen stellen und 2 Stunden ganz sanft schmoren. Vielleicht musst du einen Erwachsenen fragen, ob die Ofentemperatur niedriger eingestellt werden muss. Vor dem Servieren den Eintopf mit frisch gemahlenem schwarzem Pfeffer würzen.

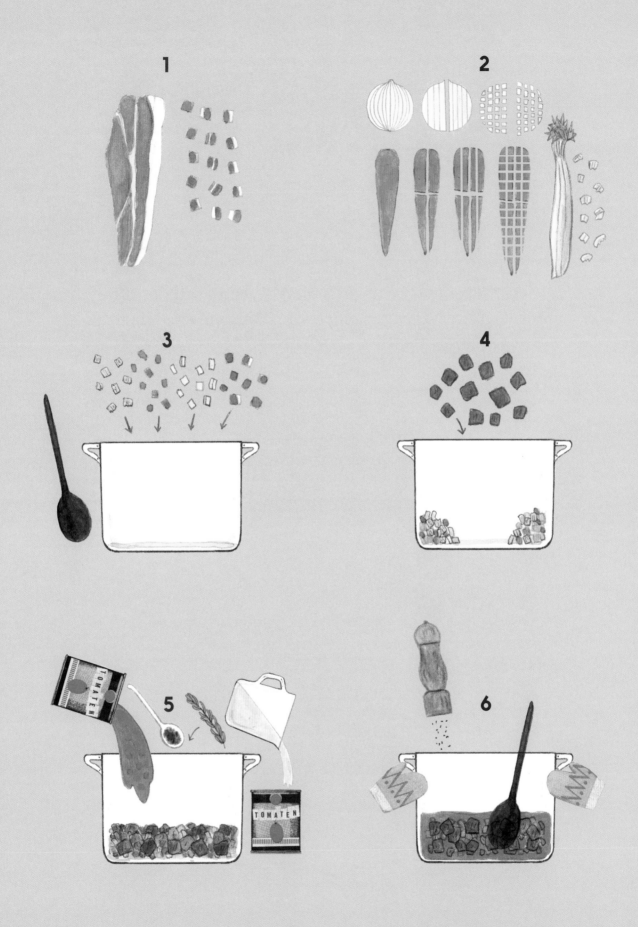

LAMMKOTELETTS MIT KARTOFFELN UND ROSMARIN

Lamm schmeckt richtig lecker, wenn man es mit frischen Kräutern schmort, zum Beispiel mit Minze. In diesem Rezept wird eine Marinade verwendet – diese Mischung aus Zitronensaft, Öl und Kräutern macht das Lammfleisch zarter und aromatischer.

REICHT FÜR	ZUBEREITUNGSZEIT	KOCHZEIT
4 Personen	1¼ Stunden	40 Minuten

1 Zitrone

—

1 frischer Minzezweig

—

2 Esslöffel Olivenöl

—

4 Lammkoteletts

FÜR DIE GERÖSTETEN KARTOFFELN:

700 g neue Kartoffeln

—

1 frischer Rosmarinzweig

—

1 Knoblauchzehe

—

2 Esslöffel Olivenöl

LAMMKOTELETTS MIT KARTOFFELN UND ROSMARIN

SCHRITT 1

Mit der Brückentechnik (siehe Seite 12–13) die Zitrone halbieren und den Saft über einer Schüssel ausdrücken (siehe Seite 14–15). Die Minzeblätter vom Stängel zupfen, mit dem Öl zum Zitronensaft geben und alles verrühren.

SCHRITT 2

Die Lammkoteletts in die Zitronensaftmischung legen und darin wenden, bis das Fleisch überall mit Öl bedeckt ist.

SCHRITT 3

Die Koteletts 1 Stunde in der Marinade liegen lassen – das bezeichnet man als „marinieren". So können die Koteletts das köstliche Aroma aus dem Öl und der Minze aufnehmen und werden später beim Schmoren ganz zart.

SCHRITT 4

Nach 45 Minuten Marinierzeit den Ofen auf 190 °C vorheizen. Mit der Brückentechnik die Kartoffeln längs halbieren und mit Rosmarin und Knoblauch auf ein Backblech legen. Das Öl darüberträufeln, das Blech mit Ofenhandschuhen in den Ofen schieben und die Kartoffeln 20 Minuten rösten.

SCHRITT 5

Das Fleisch aus der Marinade nehmen und zu den Kartoffeln auf das Blech legen, wenn es groß genug ist. Wenn nicht, brauchst du ein zweites Backblech für das Fleisch. Die Lammkoteletts für 10 Minuten in den Ofen schieben. Das Blech mit Ofenhandschuhen herausnehmen und die Koteletts mit der Küchenzange wenden.

SCHRITT 6

Das Blech mit Ofenhandschuhen nochmals für 10 Minuten in den Ofen schieben. Die Kartoffeln sollten jetzt goldbraun sein und sich weich anfühlen, wenn du mit einem Spieß oder einem Tafelmesser hineinstichst. Das Fleisch sollte noch etwas rosa in der Mitte sein. Wenn du möchtest, kannst du es aber auch noch etwas länger braten.

LAMMKEULE MIT KRÄUTERKRUSTE UND GEFÜLLTEN TOMATEN

Dieses Gericht eignet sich toll für ein großes Familien-essen. Die gefüllten Tomaten passen gut zum Fleisch, aber du kannst auch Brokkoli oder grüne Bohnen dazu essen. Bei den Kräutern darfst du ruhig erfinderisch sein und zum Beispiel statt Thymian frische Minze nehmen. Nach der Garzeit in diesem Rezept ist die Keule noch etwas rosa in der Mitte. Wenn du das Fleisch lieber ganz durch magst, brate es am besten 10 Minuten länger.

REICHT FÜR	ZUBEREITUNGSZEIT	KOCHZEIT
6 Personen	15 Minuten	1 Stunde 20 Minuten

1 Stängel frischer Thymian oder frische Minze

—

1 Stängel frischer oder 2 Tee-löffel getrockneter Oregano

—

1 Stängel frische glatte Petersilie

—

1 Zweig frischer Rosmarin

—

1 Scheibe getoastetes Brot

—

2 Esslöffel Olivenöl

—

1,3 kg Lammkeule

FÜR DIE GEFÜLLTEN TOMATEN:

4 reife Tomaten

—

2 Scheiben getoastetes Brot

—

einige frische Oreganoblätter

—

1 Esslöffel Olivenöl

LAMMKEULE MIT KRÄUTERKRUSTE UND GEFÜLLTEN TOMATEN

SCHRITT 1

Den Ofen auf 200 °C vorheizen. Die Blätter der Kräuter von den Stängeln zupfen, mit der Schere (siehe Seite 10–11) klein schneiden und in eine Schüssel geben.

SCHRITT 2

Das Toastbrot mit den Fingern zerkrümeln und zu den Kräutern geben.

SCHRITT 3

Das Öl zu der Kräuter-Brot-Mischung geben und alles gut verrühren.

SCHRITT 4

Die Lammkeule in eine große Auflaufform legen und mit den Händen überall mit der Kräutermischung einreiben. 150 ml Wasser in die Form gießen. Die Form mit Ofenhandschuhen für 15 Minuten in den Ofen schieben.

SCHRITT 5

Die Ofentemperatur auf 180 °C herunterdrehen und die Keule 35 Minuten weiterbacken. Diese Zeitangaben gelten für eine 1,3 kg schwere Lammkeule; wenn deine Keule mehr oder weniger wiegt, musst du ein bisschen rechnen! Pro 500 g braucht das Fleisch 20 Minuten, plus nochmals 20 Minuten insgesamt. Oder anders ausgedrückt, pro 100 g Lammkeule 4 Minuten Garzeit, plus nochmals 20 Minuten für die ganze Keule.

SCHRITT 6

Inzwischen die Tomaten mit der Brückentechnik (siehe Seite 12–13) halbieren. Die Samen mit einem Teelöffel herauskratzen. Die anderen beiden Toastbrote mit den Fingern zerkrümeln und in die Tomaten löffeln. Den Oregano darüberstreuen und mit dem Öl beträufeln.

SCHRITT 7

Wenn das Fleisch 35 Minuten im Ofen ist, bitte einen Erwachsenen, dir beim Herausnehmen der Auflaufform zu helfen. Die Tomaten in die Form legen und diese mit Ofenhandschuhen wieder in den Ofen schieben.

SCHRITT 8

Tomaten und Fleisch 25 Minuten weiterbacken. Die Auflaufform mit Ofenhandschuhen aus dem Ofen nehmen und das Fleisch vor dem Servieren 5 Minuten ruhen lassen

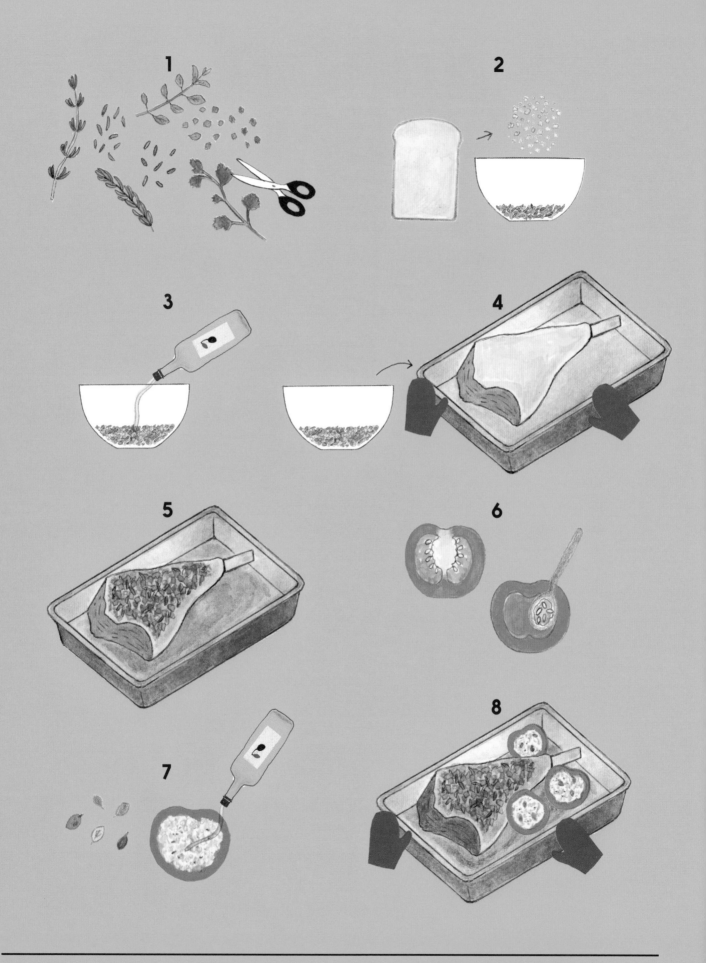

1

2

3

4

5

6

7

8

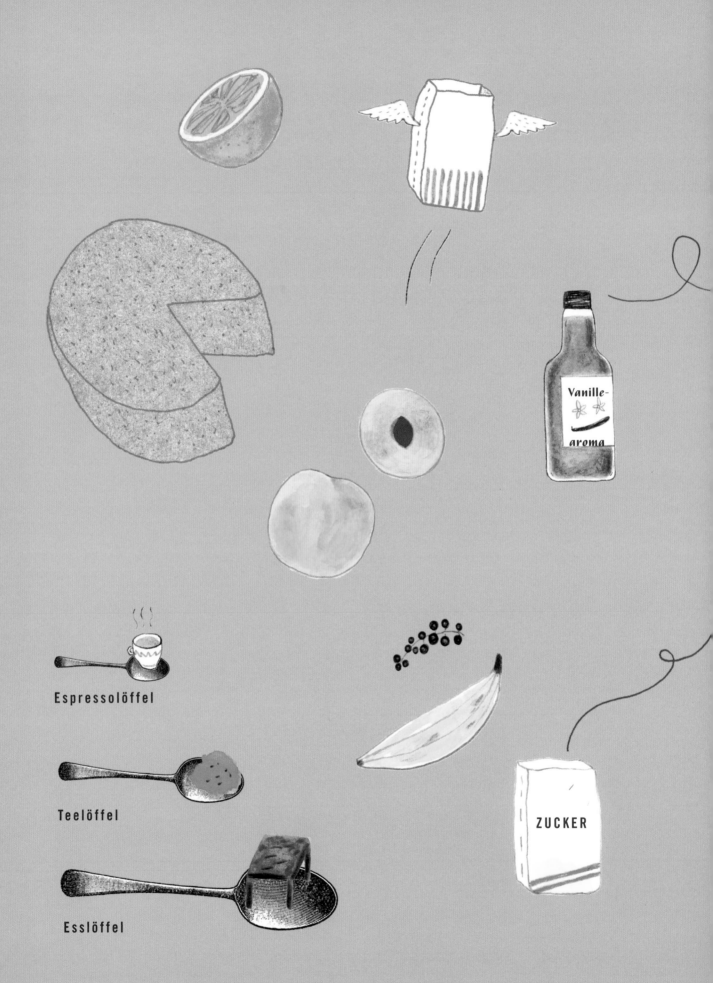

Espressolöffel

Teelöffel

Esslöffel

Vanille-aroma

ZUCKER

KUCHEN UND DESSERTS

FOCACCIA

Focaccia ist eine Art Fladenbrot mit kleinen Vertiefungen, in denen sich die köstlichen Aromen von Olivenöl und Rosmarin sammeln. Focaccia ist leicht zu backen – wenn du diese Version gut beherrschst, kannst du auch andere Zutaten auf dem Teig verteilen, wie geriebenen Käse, sonnengetrocknete Tomaten und Oliven.

ERGIBT	ZUBEREITUNGSZEIT	BACKZEIT
1 großen Laib	1¼ Stunden	25 Minuten

3–4 Esslöffel Olivenöl, plus etwas Öl
zum Einpinseln des Backblechs

—

500 g Weizenmehl Type 550, plus etwas
Mehl zum Bestäuben

—

1 Päckchen (7 g) Trockenhefe

FÜR DEN BELAG:

2 Esslöffel Olivenöl

—

1 Handvoll frische Rosmarinnadeln oder
anderen Belag nach Wahl

FOCACCIA

SCHRITT 1

Zunächst 125 ml kaltes Wasser in einen Messbecher füllen und mit heißem Wasser auf 250 ml auffüllen. Die Temperatur mit dem Finger prüfen – das Wasser sollte lauwarm sein.

SCHRITT 2

Mit einem Teigpinsel ein Backblech von 20 x 30 cm mit etwas Olivenöl einpinseln, dann etwas Mehl darüberstreuen.

SCHRITT 3

Das Mehl in eine große Schüssel sieben. Die Trockenhefe über das Mehl streuen.

SCHRITT 4

In die Mitte des Mehlhaufens eine Mulde (ein großes Loch) graben, bis du den Schüsselboden sehen kannst.

SCHRITT 5

Das Öl zum Wasser geben und das warme Wasser in die Mulde schütten. Mit einem Kochlöffel alles zu einem weichen Teig verrühren.

SCHRITT 6

Etwas Mehl auf die Arbeitsfläche streuen. Den Teig darauflegen und mit beiden Händen durchkneten: Dazu den Teig mit den Handballen von dir wegschieben, dann mit den Fingern wieder heranziehen. Auf diese Weise 5 Minuten kneten, bis sich der Teig dehnen lässt wie ein großes Stück Gummi. Mit der Teigrolle den Teig zu einem Rechteck ausrollen, das etwas kleiner ist als das Backblech, und auf das Blech legen. Mit einem leicht feuchten Geschirrtuch abdecken und den Teig etwa 1 Stunde an einem warmen Ort ruhen lassen, bis er doppelt so groß ist – du kannst dem Teig beim Wachsen zusehen!

SCHRITT 7

Den Ofen auf 220 °C vorheizen. Mit dem Daumen viele kleine Dellen in den Teig drücken. Das Öl über den Teig träufeln und den Rosmarin darüberstreuen. 20 bis 25 Minuten backen, bis der Teig goldbraun und durchgebacken ist. In Rechtecke schneiden oder in Stücke reißen und servieren.

1

2

WEIZEN
MEHL
550

3 HEFE

4

5

6

ZIEHEN

GEHT AUF

7

MARMORKUCHEN

Dieser Schoko-Vanille-Kuchen ist ziemlich fest und nicht allzu süß. Er schmeckt toll mit Früchten als Nachtisch oder als Snack. Falls du keine Napfkuchenform hast, kannst du diesen Kuchen auch gut in einer Kastenform zubereiten.

REICHT FÜR	ZUBEREITUNGSZEIT	BACKZEIT
6–8 Personen	20 Minuten	25 Minuten

100 g Butter, plus etwas Butter
zum Einfetten der Kuchenform

—

400 g Mehl

—

5 Teelöffel Backpulver

—

100 g brauner Zucker

—

2 Bio-Eier

—

175 ml Milch, plus 1 Esslöffel Milch

—

einige Tropfen Vanillearoma

—

2 Esslöffel Kakaopulver (Backkakao)

—

Kakaopulver oder Puderzucker zum Dekorieren

MARMORKUCHEN

SCHRITT 1

Den Ofen auf 180 °C vorheizen. Eine Napfkuchenform mit etwa 22 cm Durchmesser einfetten (von innen mit etwas Butter einreiben). Etwas Mehl in die Form streuen.

SCHRITT 2

Die Butter in einen kleinen Topf geben und bei schwacher Hitze schmelzen oder in einer kleinen Schüssel in der Mikrowelle schmelzen. Abkühlen lassen.

SCHRITT 3

Mehl und Backpulver in eine große Schüssel sieben. Den Zucker dazugeben.

SCHRITT 4

Die Eier in eine kleine Schüssel schlagen (siehe Seite 14–15). Die abgekühlte geschmolzene Butter, Milch und Vanillearoma zu den Eiern geben und alles mit einer Gabel verrühren.

SCHRITT 5

Die Eiermasse in die Schüssel mit dem Mehl gießen und alles vorsichtig verrühren.

SCHRITT 6

Die Hälfte des Teiges in eine zweite Schüssel füllen, das Kakaopulver und 1 Esslöffel Milch dazugeben und unterrühren.

SCHRITT 7

Den Schokoteig in die gefettete Form löffeln. Der Teig ist ziemlich fest, deshalb brauchst du zwei Löffel zum Einfüllen in die Form. Achte darauf, dass der Boden mit dunklem Teig bedeckt ist!

SCHRITT 8

Den Vanilleteig auf den Schokoteig löffeln. Die Schicht, die du zuerst in die Form füllst, ist beim fertigen Kuchen später oben. Wenn du einen richtig marmorierten Kuchen möchtest, kannst du die beiden Teige auch immer abwechselnd in die Form löffeln. Dann hat der fertige Kuchen ein hübsches Wirbelmuster statt zweier getrennter Schichten.

SCHRITT 9

Den Kuchen mit Ofenhandschuhen in den Ofen schieben und 20 Minuten backen. Um zu prüfen, ob er durchgebacken ist, einen Spieß oder ein Messer hineinstechen. Wenn nichts daran hängen bleibt, ist der Kuchen fertig. Falls Teig am Spieß klebt, 3 bis 4 Minuten weiterbacken. Die Form auf ein Kuchengitter stellen und 15 Minuten stehen lassen. Dann die Form vorsichtig umdrehen und vom Kuchen abheben. Abkühlen lassen.

SCHRITT 10

Mit einem kleinen Sieb Kakaopulver oder Puderzucker als Dekoration über den ganzen Kuchen streuen.

ORANGENKUCHEN

Dieser Kuchen schmeckt ganz toll nach Orangen. Er geht im Ofen zwar etwas auf, bleibt aber trotzdem ziemlich flach.

REICHT FÜR	ZUBEREITUNGSZEIT	BACKZEIT
6–8 Personen	30 Minuten	20–25 Minuten

FÜR DEN KUCHEN:

100 g Butter, plus Butter
zum Einfetten der Kuchenform

—

1 Orange

—

2 Bio-Eier

—

100 g brauner Zucker

—

100 g Puderzucker

—

100 g Mehl

—

1½ TL Backpulver

FÜR DEN GUSS:

100 g Puderzucker

—

1 Orange

ORANGENKUCHEN

SCHRITT 1

Den Ofen auf 180 °C vorheizen. Eine Kuchenform mit 20 cm Durchmesser einfetten (von innen mit etwas Butter einreiben).

SCHRITT 2

Die Form auf ein Stück Backpapier stellen und den Umriss mit einem Stift nachfahren, dann den Kreis ausschneiden und den Boden der Form damit auslegen.

SCHRITT 3

Mit der Brückentechnik (siehe Seite 12–13) die Orange halbieren und den Saft in einen Messbecher ausdrücken. Du brauchst etwa 90 ml Saft – wenn die Orange sehr saftig ist, kannst du den Rest einfach trinken.

SCHRITT 4

Die Butter in einen kleinen Topf geben und bei schwacher Hitze schmelzen lassen oder in einer kleinen Schüssel in der Mikrowelle schmelzen. Abkühlen lassen.

SCHRITT 5

Die Eier in eine große Schüssel schlagen (siehe Seite 14–15).

SCHRITT 6

Braunen Zucker und Puderzucker dazugeben und alles mit dem Schneebesen oder mit den Rührbesen am elektrischen Handrührgerät zu einer leichten, lockeren Masse aufschlagen.

SCHRITT 7

Die abgekühlte geschmolzene Butter unterrühren.

SCHRITT 8

Mehl und Backpulver auf die Eiermasse sieben, den Orangensaft darübergießen und alles vorsichtig verrühren. Den Teig in die Kuchenform gießen.

SCHRITT 9

Den Kuchen mit Ofenhandschuhen in den Ofen schieben und 18 Minuten backen. Um zu prüfen, ob er durchgebacken ist, einen Spieß oder ein Messer hineinstechen. Wenn nichts daran hängen bleibt, ist der Kuchen fertig. Falls Teig am Spieß klebt, 3 bis 4 Minuten weiterbacken.

SCHRITT 10

Den Kuchen mit Ofenhandschuhen aus dem Ofen nehmen. In der Form abkühlen lassen und anschließend vorsichtig auf ein Kuchengitter stürzen.

SCHRITT 11

Nun den Guss zubereiten: Mit der Brückentechnik die Orange halbieren und den Saft auspressen (siehe Seite 14–15). Den Puderzucker in eine Schüssel sieben, den Orangensaft dazugeben und alles verrühren.

SCHRITT 12

Mit einem Spieß oder einer Gabel ein paar Löcher in den abgekühlten Kuchen stechen und dann den Guss darübergießen. Achtung, er fließt über den ganzen Kuchen, in die Löcher, an den Seiten herunter und auf den Tisch!

HASELNUSSKUCHEN

Dieser Kuchen schmeckt köstlich. Die abgeriebene Zitronenschale sorgt für mehr Aroma, und die Nüsse geben dem Kuchen den richtigen Biss. Soll der Kuchen noch mehr nach Zitrone schmecken, kannst du den Saft der Zitrone mit etwas Puderzucker verrühren und die Mischung über den Kuchen träufeln.

REICHT FÜR	ZUBEREITUNGSZEIT	BACKZEIT
6–8 Personen	30 Minuten	30–35 Minuten

100 g Butter, plus Butter
zum Einfetten der Kuchenform

—

200 g Haselnüsse (oder gemahlene Haselnüsse,
wenn es schnell gehen soll)

—

200 g Mehl

—

2 TL Backpulver

—

200 g brauner Zucker

—

1 Bio-Zitrone

—

2 Bio-Eier

—

50 ml Milch

—

Puderzucker zum Dekorieren

HASELNUSSKUCHEN

SCHRITT 1
Den Ofen auf 180 °C vorheizen. Eine Kuchenform mit 20 cm Durchmesser einfetten (von innen mit etwas Butter einreiben).

SCHRITT 2
Die Form auf ein Stück Backpapier stellen und den Umriss mit einem Stift nachfahren, dann den Kreis ausschneiden und den Boden der Form damit auslegen.

SCHRITT 3
Die Butter in einen kleinen Topf geben und auf schwacher Hitze schmelzen oder in einer kleinen Schüssel in der Mikrowelle schmelzen. Abkühlen lassen.

SCHRITT 4
Damit die Haselnüsse noch mehr nach Nuss schmecken, kannst du sie in einer Pfanne ein paar Minuten bei schwacher Hitze rösten. Die Nüsse dabei mit einem Kochlöffel in der Pfanne bewegen, damit sie nicht anbrennen.

SCHRITT 5
Die Nüsse in eine Küchenmaschine füllen und fein zerkleinern. Bitte einen Erwachsenen, dir dabei zu helfen (siehe Seite 10–11). Wenn du keine Küchenmaschine hast, kannst du die Nüsse auch in eine Plastiktüte füllen und mit einer Teigrolle zerstoßen. Wenn du Zeit sparen willst, kannst du gemahlene Haselnüsse nehmen, statt ganze Haselnüsse zu rösten und zu mahlen.

SCHRITT 6
Mehl und Backpulver in eine große Schüssel sieben. Zucker und gemahlene Nüsse dazugeben.

SCHRITT 7
Die Zitronenschale abreiben (siehe Seite 14–15). Pass auf deine Finger auf und halte sie immer schön von der Reibe weg! Die Schale zum Mehl geben. Alles verrühren und eine Mulde in die Mitte graben, bis du den Schüsselboden sehen kannst.

SCHRITT 8
Die Eier in einen Krug schlagen (siehe Seite 14–15). Die abgekühlte geschmolzene Butter und die Milch dazugeben und alles mit einer Gabel mischen.

SCHRITT 9
Die Eiermasse in die Mulde im Mehl schütten und dann die flüssige Masse vorsichtig umrühren. Dabei vermischen sich nach und nach alle Zutaten.

SCHRITT 10
Den Teig in die Kuchenform gießen. Die Form mit Ofenhandschuhen in den Ofen schieben und 30 Minuten backen. Um zu prüfen, ob er durchgebacken ist, einen Spieß oder ein Messer hineinstechen. Wenn nichts daran hängen bleibt, ist der Kuchen fertig. Falls noch Teig am Spieß klebt, den Kuchen 5 Minuten weiterbacken. In der Form abkühlen lassen und anschließend vorsichtig auf ein Kuchengitter stürzen. Zum Dekorieren Puderzucker durch ein kleines Sieb über den Kuchen streuen.

GEFÜLLTE PFIRSICHE

Amaretti sind kleine, kuppelförmige italienische Mandelkekse.
Sie sind sehr leicht und knusprig. Die gefüllten Pfirsiche
schmecken pur schon köstlich, aber du kannst sie auch mit
Eiscreme oder Joghurt servieren.

REICHT FÜR	ZUBEREITUNGSZEIT	BACKZEIT
4 Personen	15 Minuten	1 Stunde

etwa 15 g Butter

—

5 Pfirsiche

—

4 Amaretti-Kekse

—

2 Bio-Eier

—

15 g Kakaopulver (Backkakao)

—

50 g brauner Zucker

GEFÜLLTE PFIRSICHE

SCHRITT 1

Den Ofen auf 160 °C vorheizen. Die Innenseite einer Auflauf-form mit etwas Butter einreiben (die restliche Butter für später aufheben).

SCHRITT 2

Mit der Brückentechnik (siehe Seite 12–13) die Pfirsiche halbieren. Die Pfirsichhälften gegeneinander verdrehen, um sie zu trennen.

SCHRITT 3

Mit einem Teelöffel den Stein herausheben. Mit der Klauen-technik (siehe Seite 12–13) einen Pfirsich klein schneiden und in eine Schüssel geben.

SCHRITT 4

Mit einem Teelöffel die Löcher in jeder Pfirsichhälfte etwas größer machen, indem du etwas Fruchtfleisch herauskratzt.

SCHRITT 5

Das ausgekratzte Fruchtfleisch zu den Pfirsichstücken in der Schüssel geben.

SCHRITT 6

Die Pfirsichhälften mit der Schnittseite nach oben in die Auflaufform legen.

SCHRITT 7

Die Amaretti mit den Händen zerkrümeln und zu den Pfirsich-stücken geben.

SCHRITT 8

Da du für dieses Rezept nur das Eigelb brauchst, musst du die Eier trennen. Dazu ein Ei über einer Untertasse aufschlagen (siehe Seite 14–15). Dann vorsichtig einen kleinen Plätzchenaus-stecher über das Eigelb stülpen und die Untertasse so kippen, dass das Eiweiß in eine Schüssel fließt und das Eigelb im Förmchen bleibt. Mit dem anderen Ei dasselbe machen. Aus dem Eiweiß kannst du später Baisers backen oder sie zu Rührei dazugeben.

SCHRITT 9

Eigelb, Kakaopulver und Zucker zu den Kekskrümeln geben und alles vermischen. Die Masse auf die Pfirsichhälften verteilen und jeweils die gleiche Menge zu einer kleinen Kuppel anhäufen.

SCHRITT 10

Auf jede Kuppel ein winziges Stückchen Butter legen. Die Form mit Ofenhandschuhen in den Ofen schieben und die Pfirsiche 1 Stunde backen. Heiß oder warm servieren.

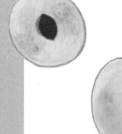

BANANENCREME

Für diesen schnellen, einfachen und köstlich-cremigen Nachtisch müssen die Bananen richtig reif sein. Dieses Rezept ergibt je eine kleine Portion für vier Personen. Du kannst natürlich auch mehr von den Zutaten nehmen und größere Portionen servieren.

REICHT FÜR	ZUBEREITUNGSZEIT	KOCHZEIT
4 Personen	5 Minuten	—

2 reife Bananen, plus eine Banane
zum Dekorieren (wenn du möchtest)

—

½ Zitrone

—

4 Esslöffel Mascarpone

—

8 Esslöffel Naturjoghurt

—

4 Teelöffel flüssiger Honig

—

1 Prise Zimt

BANANENCREME

SCHRITT 1

Die Bananen schälen und in eine Schüssel legen. Mit einer Gabel zu einem glatten Brei zerdrücken. Die Zitronenhälfte über den Bananen ausdrücken und den Saft mit einer Gabel unter die Bananenmasse rühren.

SCHRITT 2

Mascarpone und Joghurt dazugeben und alles vermischen. Dann den Honig hinzufügen und mit einem Löffel unter die Masse ziehen.

SCHRITT 3

Die Bananencreme in kleine Schüsselchen löffeln. Wenn du möchtest, kannst du jede Portion mit einigen Bananenscheiben dekorieren. Zum Schluss mit etwas Zimt bestreuen und servieren.

WALDBEEREN-EISCREME

Für diese leckere Eiscreme brauchst du keine Eismaschine, sondern nur ein Frostfach. Sie ist schnell und einfach zubereitet und hat eine tolle Farbe.

REICHT FÜR	ZUBEREITUNGSZEIT	KOCHZEIT
6–8 Personen	3¼ Stunden	—

275 g Schlagsahne

—

400 g tiefgekühlte gemischte Beeren, zum Beispiel Brombeeren, Himbeeren, Rote oder Schwarze Johannisbeeren

—

½ Zitrone

—

175 g brauner Zucker

WALDBEEREN-EISCREME

SCHRITT 1

Die Schlagsahne in eine große Schüssel gießen und mit dem Schneebesen oder elektrischen Handrührgerät mit Rührbesen cremig aufschlagen – wenn du den Besen herausziehst, sollte die Oberfläche aussehen wie die verschneiten Berge auf dem Bild rechts! Wenn du die Sahne zu lange schlägst, wird sie zu fest.

SCHRITT 2

Die gefrorenen Beeren in eine Küchenmaschine füllen. Die Zitronenhälfte über den Beeren auspressen, den Zucker dazugeben und alles fein zerkleinern. Bitte einen Erwachsenen, dir mit der Küchenmaschine zu helfen (siehe Seite 10–11).

SCHRITT 3

Das Beerenmus auf die Schlagsahne löffeln und alles vorsichtig unterheben). Die Mischung in einen tiefkühlgeeigneten Behälter (zum Beispiel einen leeren Eiscremebehälter) löffeln, diesen mit einem Deckel verschließen und 3 Stunden im Frostfach tiefkühlen.

REGISTER

REGISTER

REZEPTE BEARBEITET UND VERFASST VON AMANDA GRANT
Amanda Grant ist Food-Journalistin, tritt regelmäßig in Radio und
Fernsehen auf und hat selbst drei Kinder: Ella, Lola und Finley. Sie
veröffentlichte mehrere Bücher über gesunde Kinderernährung und
verfasst die Kinderseiten für das Magazin *Delicious*. Kindern gutes Essen
und das Kochen nahezubringen ist ihr eine Herzensangelegenheit.

ILLUSTRATIONEN VON HARRIET RUSSELL
Harriet Russell ist Kinder- und Jugendbuchillustratorin. Sie kocht
leidenschaftlich gern italienisch – ihr Lieblingsrezept in diesem Buch
sind die Linguine mit Pesto auf Seite 94.

ZS Verlag GmbH
Die ZS Verlag GmbH ist ein Unternehmen der
Edel SE & Co. KGaA, Hamburg
www.zsverlag.de

Deutsche Erstausgabe 2020
ZS Verlag GmbH
Kaiserstraße 14 b
D-80801 München

Diese Ausgabe erscheint bei der ZS Verlag GmbH
als Lizenzausgabe von:

Phaidon Press
2 Cooperage Yard
London E15 2QR
www.phaidon.com

Original Title: *Silver Spoon for Children*
First published 2012
© 2020 Phaidon Press Limited
Phaidon Press Limited
Regent's Wharf
All Saints Street
London N19PA, Großbritannien

Projektkoordination der deutschen Ausgabe: Dorothee Seeliger
Übersetzung: Susanne Schmidt-Wussow
Satz und Redaktion der deutschen Ausgabe:
bookwise medienproduktion GmbH, München

Grafik und Layout: Julia Hasting

This edition is published by
ZS Verlag GmbH, Germany, under licence from:

Phaidon Press Limited

©Phaidon Press Limited

Printed in China

ISBN 978-3-947426-16-4

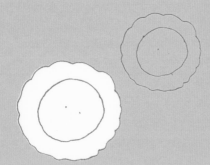